Bled

Conjugaison

Daniel BERLION
Inspecteur d'académie

hachette

Conception graphique
Couverture : Mélissa CHALOT
Intérieur : Audrey IZERN

Composition et mise en page : Mediamax

© HACHETTE LIVRE 2014, 58, rue Jean Bleuzen, CS 70007, 92178 Vanves Cedex.
ISBN 978-2-01-000400-1

Tous droits de traduction, de reproduction et d'adaptation réservés pour tous pays.
Le Code de la propriété intellectuelle n'autorisant, aux termes des articles L.122.4 et L.122.5, d'une pa
que les « copies ou reproductions strictement réservées à l'usage privé du copiste et non destinée
une utilisation collective », et, d'autre part, que « les analyses et les courtes citations » dans un b
d'exemple et d'illustration, « toute représentation ou reproduction intégrale ou partielle, faite sans
consentement de l'auteur ou de ses ayants droit ou ayants cause, est illicite ».
Cette représentation ou reproduction par quelque procédé que ce soit, sans autorisation de l'édite
ou du Centre français de l'exploitation du droit de copie (20, rue des Grands-Augustins 75006 Pari
constituerait donc une contrefaçon sanctionnée par les articles 425 et suivants du Code pénal.

SOMMAIRE

Avant-propos 5

Bases de la grammaire du verbe et de la conjugaison ... 6
- **1** Le verbe 6
- **2** Les formes verbales 7
- **3** Le présent de l'indicatif 8
- **4** L'imparfait de l'indicatif 9
- **5** Le futur simple 9
- **6** Le passé simple 10
- **7** La formation du participe passé 10
- **8** Le participe passé avec *être* 11
- **9** Le participe passé des verbes pronominaux ... 11
- **10** Le participe passé avec *avoir* 12
- **11** Le participe présent et l'adjectif verbal ... 13
- **12** Le conditionnel 14
- **13** Le subjonctif 15
- **14** L'impératif 16
- **15** Verbes en *-yer*, *-eler* et *-eter* 17
- **16** Verbes en *-cer*, *-ger* et autres verbes particuliers ... 18
- **17** Ne pas confondre : *ai – aie – aies – ait – aient – es – est* ... 19
- **18** Distinguer le participe passé en *-é*, l'infinitif en *-er* et la forme verbale en *-ez* ... 19

Trouver la conjugaison d'un verbe 20

Liste des 83 verbes types 21

Tableaux des verbes types 22

Index des verbes 105

AVANT-PROPOS

Avec **Conjugaison en poche**, nous vous proposons un outil complet et pratique, qui vous donne dans toute situation d'expression écrite ou orale, les réponses à vos questions sur la façon de conjuguer et d'accorder les verbes.

■ **Les fiches 1 à 18** (pages 6 à 19) rappellent les règles et les principes de base de la grammaire du verbe et de la conjugaison. Vous pouvez les lire en introduction aux tableaux pour repérer les principales difficultés de la conjugaison et éviter ses pièges, ou vous y reporter ponctuellement pour trouver une aide sur une question précise.

■ **Les 83 tableaux de conjugaison types** (pages 22 à 104) constituent les modèles auxquels peuvent être rattachés tous les verbes du français, chaque modèle présentant les mêmes variations du radical et les mêmes terminaisons. Le tableau donne la conjugaison complète du verbe à tous les temps et tous les modes, avec un repérage couleur des difficultés particulières.

■ **L'index de plus de 6 000 verbes** (pages 105 à 160) vous indique le numéro du modèle de conjugaison type de chaque verbe.

Nous espérons que cet ouvrage vous permettra de progresser, de gagner en confiance et d'améliorer, au quotidien, votre expression écrite ou orale.

Daniel BERLION

1. LE VERBE

Le verbe est **l'élément essentiel de la phrase** : il indique une action, un état, une intention.

L'INFINITIF

Lorsqu'ils ne sont pas conjugués, les verbes se présentent sous une forme neutre : **l'infinitif**.

parler – jouer – finir – faire – croire – pouvoir – prendre

LE RADICAL ET LA TERMINAISON D'UN VERBE

- Un verbe se compose d'un **radical** et d'une **terminaison** (ou désinence).

cherch-er
radical terminaison

réfléch-ir
radical terminaison

nous cherch-ons
radical terminaison

tu réfléch-issais
radical terminaison

- Pour certains verbes, le radical reste **le même** pour toutes les formes verbales.

je ris – nous riions – ils riront – il faut qu'elle rie – ris – j'ai ri

- Pour d'autres verbes, le radical peut **varier** d'une forme verbale à l'autre.

je vais – nous allons – elle ira – il faut que tu ailles

LES TROIS GROUPES DE VERBES

- **Le 1ᵉʳ groupe** : tous les verbes (sauf *aller*) dont l'infinitif se termine par *-er*.

chercher – trouver – parler – appeler...

- **Le 2ᵉ groupe** : les verbes dont l'infinitif se termine par *-ir*, et qui intercalent l'élément *-ss-* entre le radical et la terminaison, pour certaines formes conjuguées.

réunir (réunissant – nous réunissons) – agir (agissant – elle agissait)...

- **Le 3ᵉ groupe** : tous les autres verbes.

perdre – battre – apparaître – revoir – courir (on ne dit pas « nous courissons »)...

L'ACCORD DU VERBE

Le verbe s'accorde en personne et en nombre avec son sujet qu'on trouve en posant la question « Qui est-ce qui ? » (ou « Qu'est-ce qui ? ») devant le verbe.

Les spectateurs quittent la salle.

Qui est-ce qui quitte ?   les spectateurs → 3ᵉ pers. du pluriel

Dans le groupe nominal sujet, il faut toujours chercher **le nom** qui commande l'accord.

Les spectateurs du premier rang quittent la salle.

Qui est-ce qui quitte ?   les spectateurs (du premier rang) → 3ᵉ pers. du pluriel

2. LES FORMES VERBALES

Les formes verbales varient selon les **personnes**, les **modes**, les **temps**.

Les personnes

- Il y a trois personnes du singulier et trois personnes du pluriel.

    je – tu – il / elle / on   nous – vous – ils / elles

- La terminaison de la deuxième personne du singulier, pour tous les verbes, pour tous les temps, est « *s* ».

Exceptions :
– Les verbes *vouloir, pouvoir, valoir* au présent de l'indicatif.

    vouloir : tu veux   pouvoir : tu peux   valoir : tu vaux

– Le présent de l'impératif pour tous les verbes du 1er groupe et quelques verbes du 3e groupe (*ouvrir, offrir, souffrir, cueillir*).

    Marche plus vite.   Respire lentement.   Ouvre la porte.   Offre-lui des fleurs.

Les modes

- **L'indicatif** : action dans sa réalité. (voir pp. 8 à 10)

    Il lit ce roman.   Il lisait ce roman.

- **L'impératif** : action sous la forme d'un ordre, d'un conseil, d'une recommandation. (voir p. 16)

    Lis ce roman !   Lisez ce roman !

- **Le subjonctif** : action envisagée ou hypothétique. (voir p. 15)

    Il faut qu'il lise ce roman.

- **Le conditionnel** : action éventuelle qui dépend d'une condition. (voir p. 14)

    S'il en avait le temps, il lirait ce roman.

Les temps

- **Les temps** permettent de se situer sur un axe temporel : **passé**, **présent**, **futur**.

    hier → je marchais   aujourd'hui → je marche   demain → je marcherai

- **Les temps simples** : formés sans auxiliaire.

    je cherche – nous cherchions – elles chercheront

- **Les temps composés** : formés à l'aide d'un auxiliaire (*avoir* ou *être*) qui prend les marques du mode et du temps, suivi du participe passé du verbe conjugué.

    j'ai cherché – nous avions cherché – ils auront cherché

- **La majorité des verbes** se conjuguent avec l'auxiliaire *avoir*.
- Se conjuguent avec l'auxiliaire *être* :

– **Quelques verbes intransitifs**.

    aller, arriver, descendre, naître, mourir, entrer, monter, tomber, retourner, rester, venir, sortir, partir…

– **Les verbes pronominaux**.

    Il s'est mordu la langue.   L'ouvrier s'était protégé avec un casque.

3. LE PRÉSENT DE L'INDICATIF

FORMATION

Les formes du présent varient selon le groupe auquel appartient le verbe.

- **1er groupe** : infinitif en *-er*. (→ Tableaux 3 à 19)
Radical du verbe + *-e*, *-es*, *-e*, *-ons*, *-ez*, *-ent*.
  je joue – tu joues – il joue – nous jouons – vous jouez – elles jouent

- **2e groupe** : infinitif en *-ir*. (→ Tableaux 20 et 21)
Radical du verbe + *-s*, *-s*, *-t*, *-ons*, *-ez*, *-ent*.
Pour les personnes du pluriel, on intercale l'élément « *-ss-* » entre le radical et la terminaison.
  j'agis – tu agis – il agit – nous agissons – vous agissez – elles agissent

- **3e groupe** : infinitif en *-ir*, *-oir*, *-re*.
– Radical du verbe + *-s*, *-s*, *-t*, *-ons*, *-ez*, *-ent*. (→ Tableaux 23, 25 à 28, 32 à 43, 51, 57, 60, 63, 67, 69, 70 à 82)
  je ris – tu ris – il rit – nous rions – vous riez – elles rient
– Radical du verbe + *-s*, *-s*, *-*, *-ons*, *-ez*, *-ent*. (→ Tableaux 52 à 56, 58 et 59)
  j'attends – tu attends – il attend – nous attendons – vous attendez – elles attendent
– Radical du verbe + *-x*, *-x*, *-t*, *-ons*, *-ez*, *-ent*. (→ Tableaux 44 à 47)
  je peux – tu peux – il peut – nous pouvons – vous pouvez – elles peuvent
– Radical du verbe + *-e*, *-es*, *-e*, *-ons*, *-ez*, *-ent*. (→ Tableaux 29, 30, 31)
  j'ouvre – tu ouvres – il ouvre – nous ouvrons – vous ouvrez – elles ouvrent

CAS PARTICULIERS

- Certains verbes (et leurs dérivés) perdent la dernière lettre de leur radical pour les personnes du singulier.

vivre	je vis	tu vis	on vit	(→ Tableau 71)
mettre	je mets	tu mets	il met	(→ Tableau 63)
battre	je bats	tu bats	elle bat	(→ Tableau 62)
dormir	je dors	tu dors	il dort	(→ Tableau 22)
sentir	je sens	tu sens	on sent	(→ Tableau 22)
partir	je pars	tu pars	elle part	(→ Tableau 22)
sortir	je sors	tu sors	il sort	(→ Tableau 22)
mentir	je mens	tu mens	elle ment	(→ Tableau 22)

- Pour les verbes terminés par *-aître* à l'infinitif – ainsi que *plaire* –, on conserve l'accent circonflexe quand le « *i* » du radical est suivi d'un « *t* ».

paraître	je parais	tu parais	il paraît	(→ Tableau 64)

4. L'IMPARFAIT DE L'INDICATIF

FORMATION
- Radical du verbe + *-ais*, *-ais*, *-ait*, *-ions*, *-iez*, *-aient*.
  je marchais – il descendait – nous plaisions – ils parlaient
- Mais pour les verbes du 2ᵉ groupe, on intercale l'élément « *-ss-* » entre le radical et la terminaison. (➜ Tableaux 20 et 21)
  tu réussissais – vous guérissiez

CAS PARTICULIERS
- Pour les verbes du 1ᵉʳ groupe terminés par *-gner*, *-iller*, *-ier*, *-yer* à l'infinitif, ne pas oublier d'ajouter le « *i* » à l'imparfait pour les deux premières personnes du pluriel. (➜ Tableaux 3, 4, 16 à 19)

Pour bien faire la distinction, on remplace par une forme du singulier.
  Aujourd'hui, nous skions, nous gagnons. Aujourd'hui, elle skie, elle gagne. ➜ présent
  Hier, nous skiions, nous gagnions. Hier, elle skiait, elle gagnait. ➜ imparfait
- Certains verbes du 3ᵉ groupe (*bouillir, cueillir, fuir, voir, asseoir, craindre, peindre, croire, rire*) se conjuguent avec cette même particularité.
(➜ Tableaux 24, 30, 33, 37, 40, 54, 55, 67, 77)
  nous riions – vous cueilliez – nous voyions – vous asseyiez (assoyiez) – vous craigniez

5. LE FUTUR SIMPLE

FORMATION
- Généralement, infinitif du verbe + *-ai*, *-as*, *-a*, *-ons*, *-ez*, *-ont* (sauf pour certains verbes du 3ᵉ groupe qui perdent le « *e* » de l'infinitif).
  je resterai – tu finiras – elle signera – nous descendrons – ils peindront
- Penser à chercher l'infinitif du verbe pour **ne pas omettre une lettre muette** ou **en placer une superflue**.

  Le ministre conclura son discours.   *conclure* : 3ᵉ groupe   ➜ pas de « *e* »
  Le ministre saluera le Président.   *saluer* : 1ᵉʳ groupe   ➜ présence d'un « *e* »

CAS PARTICULIERS
- Le verbe *cueillir* se conjugue comme un verbe du 1ᵉʳ groupe. (➜ Tableau 30)
  je cueillerai – elle cueillera – nous cueillerons – ils cueilleront
- Certains verbes (*courir, pouvoir, mourir, voir, acquérir, entrevoir...*) doublent le « *r* » avant la terminaison. (➜ Tableaux 25, 26, 28, 37, 44)
  je courrai – tu pourras – elle mourra – nous verrons – vous acquerrez

Mais *pourvoir* et *prévoir* se conjuguent sur un autre radical. (➜ Tableaux 38, 39)
  Nous pourvoirons à tous vos besoins.   Tu prévoiras une trousse de secours.

6. LE PASSÉ SIMPLE

FORMATION
- **1er groupe** : infinitif en *-er*. (→ Tableaux 3 à 19)
Radical du verbe + *-ai, -as, -a, -âmes, -âtes, -èrent*.
  je criai – tu crias – elle cria – nous criâmes – vous criâtes – ils crièrent
Le verbe *aller* se conjugue comme un verbe du 1er groupe au passé simple.
- **2e groupe** : infinitif en *-ir*. (→ Tableaux 20 et 21)
Radical du verbe + *-is, -is, -it, -îmes, -îtes, -irent*.
  j'agis – tu agis – elle agit – nous agîmes – vous agîtes – ils agirent
- **3e groupe** : infinitif en *-ir, -oir, -re*. (→ Tableaux 22 à 83)
– Radical du verbe + *-is, -is, -it, -îmes, -îtes, -irent*.
  je souris – tu souris – il sourit – nous sourîmes – vous sourîtes – elles sourirent
– Radical du verbe + *-us, -us, -ut, -ûmes, -ûtes, -urent*.
  je courus – tu courus – il courut – nous courûmes – vous courûtes – elles coururent
- À la 3e personne du singulier, il n'y a jamais d'accent sur la voyelle qui précède le « *t* ».

CAS PARTICULIER
- Attention aux verbes *venir* et *tenir* (et leurs composés). (→ Tableau 27)
  je vins – tu tins – il vint – nous tînmes – vous vîntes – elles tinrent

7. LA FORMATION DU PARTICIPE PASSÉ

RÈGLE GÉNÉRALE
- Tous les participes passés des **verbes du 1er groupe** se terminent par *-é*.
  affirmer : affirmé   rester : resté
- Tous les participes passés des **verbes du 2e groupe** se terminent par *-i*.
  remplir : rempli   maigrir : maigri
- Les participes passés des **verbes du 3e groupe** se terminent par *-i* ou *-u*.
  sourire : souri   vendre : vendu

CAS PARTICULIERS
- naître : né, née   devoir : dû, due   plaire : plu
  pouvoir : pu   prévoir : prévu, prévue   vivre : vécu, vécue
- Certains participes passés se terminent toujours par **une lettre muette** « *t* » ou « *s* ».
Chercher le féminin du participe passé permet de trouver cette lettre muette.
  faire : fait (faite)   dire : dit (dite)   asseoir : assis (assise)

8. LE PARTICIPE PASSÉ AVEC *ÊTRE*

Accord
• **Il s'accorde en genre et en nombre** avec le nom (ou le pronom) principal du sujet du verbe.

   Le local de service est fermé.   Les entrées de secours sont fermées.

• Lorsque le verbe a **plus d'un sujet**, l'accord se fait au masculin pluriel si au moins un des sujets est masculin.

   Le local et l'entrée sont fermés.   L'entrée et la sortie sont fermées.

Genre
• Les pronoms personnels des 1re et 2e personnes – singulier et pluriel –, n'indiquent pas le genre. **Seule la personne qui écrit est en mesure de fixer ce genre**.

   Je suis parti. → C'est un homme qui parle.
   Tu es partie. → On parle à une femme.

• Quand le sujet est le pronom *on*, on peut accorder le participe passé.

   On est arrivé à Paris.   **On** est arrivés à Paris.

9. LE PARTICIPE PASSÉ DES VERBES PRONOMINAUX

Verbes uniquement pronominaux
• Le participe passé des verbes uniquement pronominaux **s'accorde avec le sujet**.

   Ils se sont réfugiés sous l'abribus.   **Melissa** s'est absentée un instant.

Verbes occasionnellement pronominaux avec COD
• Le participe passé des verbes occasionnellement pronominaux **s'accorde avec le complément d'objet direct** (qui peut être un pronom personnel) quand celui-ci est **placé avant le participe passé**. (voir p. 12)

   Léa s'est préparée pour sortir.   (COD : s' – Léa a préparé elle-même)
   Léa s'est préparé des sandwichs.   (COD : des sandwichs : pas d'accord)
   Voici les sandwichs que Léa s'est préparés. (COD : que – des sandwichs : accord)

Verbes occasionnellement pronominaux sans COD
• Les participes passés des verbes occasionnellement pronominaux qui n'ont jamais de complément d'objet direct sont **invariables**.

   Les essais de mise en service se sont succédé, sans résultat.
   Ces deux personnes se sont plu immédiatement.

10. LE PARTICIPE PASSÉ AVEC *AVOIR*

Accord
- **Il ne s'accorde jamais** avec le sujet du verbe.
    Ce pull a rétréci au lavage.   Ces vestes ont rétréci au lavage.
- Le participe passé **s'accorde avec le complément d'objet direct** (COD) du verbe, seulement **si celui-ci est placé avant le participe passé**.

Identifier le COD
- Pour trouver le COD, on pose la question « qui ? » ou « quoi ? » après le verbe.
    Au concert, Grégory a retrouvé ses amis.
    Grégory a retrouvé qui ? ses amis   COD placé après le verbe → pas d'accord
    Ses amis, Grégory les a retrouvés au concert.
    Grégory a retrouvé qui ? les (mis pour ses amis)   COD placé avant le verbe → accord
- Lorsqu'il est placé devant le participe passé, le COD est le plus souvent un **pronom** qui ne nous renseigne pas toujours sur le genre ou le nombre. Il faut donc **chercher le nom que remplace le pronom** pour bien accorder le participe passé.
    Ces films, nous les avons vus.
    COD les (mis pour les films)   → accord au masculin pluriel
    L'émission que vous nous avez conseillée passe demain.
    COD que (mis pour l'émission)   → accord au féminin singulier
- Ne pas confondre le **complément d'objet indirect** (COI), qui peut être placé avant le participe passé, avec un COD.
    Les spectateurs ont applaudi ; la pièce leur a plu.
    La pièce a plu à qui ? à leur (mis pour les spectateurs) → COI

Cas particuliers
- Le participe passé *fait* suivi d'un infinitif est toujours **invariable**.
    Sa moto, Martin l'a fait réparer au garage voisin.
- Même si on peut l'accorder dans certains cas, le participe passé *laissé* suivi d'un infinitif demeure **invariable**.
    Voici les canaris que William a laissé s'envoler.
- Lorsque le COD du verbe est le pronom *en*, le participe passé reste **invariable**.
    J'ai apporté des gâteaux et nous en avons mangé.
- Le participe passé des **verbes impersonnels**, ou employés à la forme impersonnelle, reste **invariable**.
    Cette protection, il l'aurait fallu plus étanche.
- Lorsque le pronom neutre *le* est COD, le participe passé est **invariable**.
    Les orages devaient s'arrêter, enfin les agriculteurs l'avaient espéré.

11. LE PARTICIPE PRÉSENT ET L'ADJECTIF VERBAL

FORMATION DU PARTICIPE PRÉSENT
- Radical du verbe à la 1re personne du pluriel du présent de l'indicatif + *-ant*.
   cherchant – finissant – ouvrant – prenant – vivant – croyant

CAS PARTICULIER
- Trois verbes ont un participe présent irrégulier :
   être : étant   avoir : ayant   savoir : sachant

NE PAS CONFONDRE PARTICIPE PRÉSENT ET ADJECTIF VERBAL
- Pour distinguer **le participe présent**, toujours invariable, de **l'adjectif verbal**, qui s'accorde avec le nom auquel il se rapporte, on remplace le nom masculin par un nom féminin ; oralement, on entend la différence.

   Souriant aux spectateurs, les chanteurs entrent en scène. → participe présent
   Souriant aux spectateurs, les chanteuses entrent en scène. → participe présent
   Les spectateurs ont face à eux des chanteurs souriants. → adjectif verbal
   Les spectateurs ont face à eux des chanteuses souriantes. → adjectif verbal

DES ORTHOGRAPHES DIFFÉRENTES
- Parfois, participes présents et adjectifs verbaux ont des orthographes différentes.

participe présent	adjectif verbal
adhérant	adhérent
communiquant	communicant
convainquant	convaincant
convergeant	convergent
différant	différent
équivalant	équivalent
excellant	excellent
fatiguant	fatigant
naviguant	navigant
négligeant	négligent
précédant	précédent
provoquant	provocant
suffoquant	suffocant
vaquant	vacant
violant	violent

12. LE CONDITIONNEL

Le conditionnel a deux temps : le **présent** et le **passé**.

LE PRÉSENT DU CONDITIONNEL
- Radical du futur + terminaisons de l'imparfait (*-ais*, *-ais*, *-ait*, *-ions*, *-iez*, *-aient*).
- Pour les verbes du 1er et du 2e groupe, on retrouve donc l'infinitif en entier. Les verbes du 3e groupe, dont la terminaison à l'infinitif est *-e*, perdent cette lettre au présent du conditionnel.

j'aimerais – tu réussirais – elle comprendrait – nous voterions – vous gémiriez – ils viendraient

- Pour les verbes du 1er groupe terminés par *-ouer*, *-uer*, *-ier*, *-éer* à l'infinitif, il ne faut pas oublier de placer le « *e* » dans les formes du présent du conditionnel, même s'il ne s'entend guère.

jouer : je jouerais   éternuer : tu éternuerais
copier : elle copierait   créer : ils créeraient

- Pour **distinguer les terminaisons de la 1re personne du singulier du futur simple et celle du présent du conditionnel** qui ont la même prononciation, on remplace la 1re personne du singulier par une autre personne ; on entend alors la différence.

Je souhaiterai l'anniversaire de mon ami Hervé. (futur)
→ Tu souhaiteras l'anniversaire de ton ami Hervé.

Je souhaiterais que l'anniversaire d'Hervé soit une grande fête. (conditionnel)
→ Tu souhaiterais que l'anniversaire d'Hervé soit une grande fête.

- En aucun cas, le verbe de la subordonnée introduite par la conjonction *si* ne s'écrit au présent du conditionnel.
La proposition : « *Si* j'achèterais un téléphone portable… » est incorrecte. C'est un barbarisme.
La proposition correcte est : « *Si* j'achetais un téléphone portable, j'adopterais une sonnerie originale. »

LE PASSÉ DU CONDITIONNEL
- Auxiliaire *avoir* ou *être* au présent du conditionnel + participe passé.

j'aurais trouvé – tu aurais fini – elle serait venue – vous vous seriez couché(e)s

- Si le verbe de la proposition subordonnée, introduite par la conjonction *si*, est au **plus-que-parfait de l'indicatif**, le verbe de la proposition principale est au **passé du conditionnel**.

Si tu avais vu ce film, tu l'aurais apprécié.
Si la chèvre de Monsieur Seguin l'avait écouté, elle ne serait pas allée dans la montagne.
Si j'en avais eu l'occasion, je me serais allongé sous les arbres.

13. LE SUBJONCTIF

FORMATION
- Au présent du subjonctif, tous les verbes (sauf *être* et *avoir*) prennent les mêmes terminaisons (*-e*, *-es*, *-e*, *-ions*, *-iez*, *-ent*).
- Le subjonctif se trouve surtout dans les propositions subordonnées introduites par la conjonction *que*.

    Il faut qu'elle traverse   ... que nous dessinions   ... que vous remuiez

- Pour les verbes du 2ᵉ groupe, l'élément « *-ss-* » est toujours intercalé entre le radical et la terminaison.

    finir : Il faut que je finisse.   réfléchir : Il faut que nous réfléchissions.

CAS PARTICULIERS
- Le radical de certains verbes du 3ᵉ groupe est **modifié**.

    aller : ... que j'aille   savoir : ... que tu saches   devoir : ... qu'elle doive
    faire : ... que nous fassions   plaire : ... que vous plaisiez   voir : ... qu'ils voient
    prendre : ... que je prenne   craindre : ... que tu craignes   mourir : ... qu'il meure
    lire : ... que nous lisions   dire : ... que vous disiez   recevoir : ... qu'elle reçoivent

- Pour ne pas confondre les formes homophones des personnes du singulier du présent de l'indicatif et celles du présent du subjonctif de certains verbes du 3ᵉ groupe, on remplace par la 1ʳᵉ ou par la 2ᵉ personne du pluriel :

    On sait que tu cours les brocantes chaque dimanche.
    → On sait que vous courez les brocantes chaque dimanche.   → indicatif
    On doute que tu coures les brocantes chaque dimanche.
    → On doute que vous couriez les brocantes chaque dimanche. → subjonctif

- Pour les verbes du 1ᵉʳ groupe terminés par *-gner*, *-iller*, *-ier*, *-yer* à l'infinitif, ne pas oublier d'ajouter le « *i* » au subjonctif.
Pour faire la distinction, on remplace par un verbe du 2ᵉ ou du 3ᵉ groupe. On entend alors la différence.

    Nous gagnons (perdons) la partie.   → présent de l'indicatif
    Il faut que nous gagnions (perdions) la partie. → présent du subjonctif

QUELQUES LOCUTIONS CONJONCTIVES QUI IMPOSENT LE SUBJONCTIF
à condition que, à moins que, à supposer que, afin que, avant que, bien que, de crainte que, de façon que, de peur que, en admettant que, en attendant que, jusqu'à ce que, non que, pour peu que, pour que...

QUELQUES VERBES QUI IMPOSENT LE SUBJONCTIF DANS LA SUBORDONNÉE
approuver, attendre, avoir envie, craindre, déplorer, désirer, s'étonner, exiger, faire attention, interdire, ordonner, permettre, préférer, refuser, regretter, souhaiter, tenir à ce que, vouloir, douter, empêcher, essayer...

14. L'IMPÉRATIF

- Le présent de l'impératif est employé pour exprimer des ordres, des conseils, des souhaits, des recommandations, des demandes, des interdictions.
- L'impératif ne se conjugue qu'à **trois personnes** : deuxièmes personnes du singulier et du pluriel et première personne du pluriel.
Il n'y a **pas de pronom sujet**.
- L'impératif a deux temps : le **présent** et le **passé**.

LE PRÉSENT DE L'IMPÉRATIF

- Ne t'énerve pas.   Traduisons ce texte.   Respirez.
- Pour les verbes du 2ᵉ groupe, on intercale l'élément « -ss- » entre le radical et les terminaisons aux personnes du pluriel.

Ralentissons à l'entrée du village.   Agissez !

CAS PARTICULIERS

- Les verbes du 1ᵉʳ groupe (ainsi que *ouvrir, offrir, souffrir, cueillir, aller* et *savoir*) ne prennent pas de « *s* » à la 2ᵉ personne du singulier.

Travaille un peu plus.   N'oublie rien.   Arrose les plantes.

Néanmoins, pour faciliter la prononciation, on ajoute un « *s* » lorsque l'impératif est suivi des pronoms *en* ou *y*.

Ces chocolats, offres-en à tes amis.   N'hésite pas, vas-y franchement.

- Les deux auxiliaires et quelques verbes ont des **formes particulières**.

avoir : aie – ayons – ayez   être : sois – soyons – soyez
aller : va – allons – allez   savoir : sache – sachons – sachez
asseoir : assieds – asseyons – asseyez   asseoir : assois – assoyons – assoyez

- Pour les **verbes pronominaux**, la forme verbale du présent de l'impératif est suivie d'un pronom personnel réfléchi *toi, nous* ou *vous*.

Présente-toi au guichet de la poste !   Présentez-vous au guichet.

- Pour les verbes du 1ᵉʳ groupe, il ne faut pas confondre la 2ᵉ personne du singulier du présent de l'impératif, qui n'a pas de sujet exprimé, avec la 2ᵉ personne du singulier du présent de l'indicatif.

Appelle ton ami au téléphone.   présent de l'impératif → « e »
Tu appelles ton ami au téléphone.   présent de l'indicatif → « es »

LE PASSÉ DE L'IMPÉRATIF

Formé de l'auxiliaire au présent de l'impératif et du participe passé.

Sois rentré(e) !   Ayons fini pour demain !   Soyez parti(e)s à temps.

15. VERBES EN *-YER*, *-ELER* ET *-ETER*

VERBES EN *-YER*

• Pour les verbes en *-uyer*, *-oyer*, *-ayer* à l'infinitif, le « *y* » se transforme en « *i* » devant les terminaisons commençant par un « *e* » muet. (➞ Tableaux 16 à 18)

   présent de l'indicatif : j'appuie – tu nettoies – elle paie – elles essuient
   futur simple de l'indicatif : j'appuierai – tu essuieras – nous emploierons
   présent du subjonctif : ... que j'appuie – ... qu'elle paie – ... qu'elles nettoient
   présent de l'impératif : appuie – essuie – paie – nettoie

• Au futur simple, les verbes *envoyer* et *renvoyer* ont une conjugaison particulière. (➞ Tableau 19)

   envoyer : j'enverrai   renvoyer : ils renverront

Remarque : même si, pour les verbes en *-ayer*, le maintien du « y » devant le « e » muet est toléré, il est préférable de transformer le « y » en « i » pour tous les verbes terminés par *-yer* dans un souci d'harmonisation.

VERBES EN *-ELER* ET *-ETER*

• La plupart des verbes en *-eler* et *-eter* à l'infinitif, doublent le « *l* » ou le « *t* » devant les terminaisons commençant par un « *e* » muet. (➞ Tableaux 12 et 14)

   présent de l'indicatif : j'appelle – tu chancelles – elle jette – elles feuillettent
   futur simple de l'indicatif : j'appellerai – tu chancelleras – il jettera – elles feuilletteront
   présent du subjonctif : ... que j'appelle – ... qu'elles feuillettent
   présent de l'impératif : appelle – chancelle – jette – feuillette

• Quelques verbes terminés par *-eler* (*peler, geler, ciseler, congeler, écarteler, marteler, modeler, receler, démanteler*) et *-eter* (*acheter, crocheter, haleter, fureter*) ne doublent pas le « *l* » ou le « *t* » devant les terminaisons commençant par un « *e* » muet. Ils s'écrivent avec un accent grave sur le « *e* » qui précède le « *l* » ou le « *t* ». (➞ Tableaux 13 et 15)

   présent de l'indicatif : je pèle – tu achètes – il gèle – elles halètent
   futur simple de l'indicatif : je pèlerai – il gèlera – vous crochèterez – elles halèteront
   présent du subjonctif : ... que je pèle – ... que tu achètes – ... qu'il gèle
   présent de l'impératif : pèle – achète – crochète

• Les verbes comme *interpeller* et *regretter* qui ont deux « *l* » ou deux « *t* » à l'infinitif les conservent à toutes les personnes. (➞ Tableau 3)

   interpeller : j'interpelle – nous interpellons
   regretter : tu regrettes – vous regrettez

16. VERBES EN -CER, -GER ET AUTRES VERBES PARTICULIERS

VERBES EN -CER

• **Les verbes du 1er groupe** en *-cer* à l'infinitif prennent une **cédille** sous le « *c* » devant les terminaisons commençant par les voyelles « *o* » ou « *a* » pour conserver le son (*s*). (→ Tableau 6)
   présent de l'indicatif : nous lançons
   imparfait de l'indicatif : je lançais – tu plaçais – elle perçait – elles traçaient
   passé simple de l'indicatif : je lançai – tu plaças – elle perça – vous grimaçâtes
   présent de l'impératif : lançons

VERBES EN -GER

• **Les verbes du 1er groupe** en *-ger* à l'infinitif prennent un « *e* » après le « *g* » devant les terminaisons commençant par « *o* » ou « *a* » pour conserver le son (*je*). (→ Tableaux 7 et 10)
   présent de l'indicatif : nous nageons
   imparfait de l'indicatif : je nageais – tu dirigeais – elle jugeait – elles songeaient
   passé simple de l'indicatif : je nageai – elle jugea – vous négligeâtes
   présent de l'impératif : nageons

AUTRES VERBES PARTICULIERS

• Pour les verbes du 1er groupe, comme *achever*, qui ont un « *e* » muet dans l'avant-dernière syllabe de leur infinitif, on place un accent grave sur ce « *e* » devant une terminaison commençant par un « *e* » muet. (→ Tableau 11)
   présent de l'indicatif : j'achève – tu sèmes – elle relève – elles mènent
   futur simple de l'indicatif : j'achèverai – nous lèverons – vous pèserez
   présent du subjonctif : … que j'achève – … que tu sèmes – … qu'elles mènent
   présent de l'impératif : achève – sème – relève-toi
• Pour les verbes du 1er groupe, comme *céder*, qui ont un « *é* » dans l'avant-dernière syllabe de leur infinitif, l'accent aigu devient un accent grave devant une terminaison commençant par un « *e* » muet. (→ Tableau 9)
   présent de l'indicatif : je cède – tu règles – elle repère – elles tolèrent
   futur simple de l'indicatif : je cèderai – nous gèrerons – vous possèderez
   présent du subjonctif : … que je cède – … que tu règles – … qu'elles tolèrent
   présent de l'impératif : cède – règle – repère
• Quelques verbes du 3e groupe en *-cevoir* (*apercevoir, percevoir, concevoir, décevoir, recevoir*) s'écrivent également avec un « *ç* » devant les voyelles « *o* », « *u* ». (→ Tableau 36)

17. NE PAS CONFONDRE : *AI – AIE – AIES – AIT – AIENT – ES – EST*

Plusieurs formes des verbes *avoir* et *être* sont homophones. Pour les différencier, il suffit de changer de personne pour trouver le temps et le mode, puis d'observer le pronom personnel sujet.

- *ai* : présent de l'indicatif du verbe *avoir*.
  Pour remonter ce casse-tête, j'ai besoin de beaucoup de patience.
  → Pour remonter ce casse-tête, nous **avons** besoin de beaucoup de patience.

- *aie – aies – ait – aient* : présent du subjonctif du verbe *avoir*.
  Pour remonter ce casse-tête, il faut que j'aie beaucoup de patience.
  Pour remonter ce casse-tête, il faut que tu aies beaucoup de patience.
  Pour remonter ce casse-tête, il faut qu'elle ait beaucoup de patience.
  Pour remonter ce casse-tête, il faut qu'ils aient beaucoup de patience.
  → Pour remonter ce casse-tête, il faut que nous **ayons** beaucoup de patience.

- *es – est* : présent de l'indicatif du verbe *être*.
  Tu es très patient car ce casse-tête présente bien des difficultés.
  Germain est très patient car ce casse-tête présente bien des difficultés.
  → Nous **sommes** très patients car ce casse-tête présente bien des difficultés.

18. DISTINGUER LE PARTICIPE PASSÉ EN *-É*, L'INFINITIF EN *-ER* ET LA FORME VERBALE EN *-EZ*

Lorsqu'on entend le son (*é*) à la fin d'un verbe du 1er groupe, plusieurs terminaisons sont possibles (*-é*, *-er*, *-ez*). Pour les distinguer, on remplace par un verbe du 2e ou du 3e groupe pour lequel on entend nettement la différence.

    infinitif : Nous allons fermer la porte. → Nous allons **prendre** la porte.
    participe passé : Nous avons fermé la porte. → Nous avons **pris** la porte.
    2e personne du pluriel : Vous fermez la porte. → Vous **prenez** la porte.

Par souci d'efficacité, choisir toujours le même verbe pour effectuer cette substitution.

Trouver la conjugaison d'un verbe

Grâce à l'index des verbes et aux tableaux de conjugaison types, vous pouvez conjuguer tous les verbes de la langue française.
• Pour cela, il vous suffit de rechercher par ordre alphabétique, dans l'index (pages 105 à 160), le verbe que vous souhaitez conjuguer.
• Le numéro qui figure en face de ce verbe vous donnera le numéro du modèle de conjugaison type. Vous trouverez ce modèle de conjugaison dans les pages qui suivent (pages 22 à 104), les tableaux étant classés par numéro.
• Vous appliquerez au verbe que vous voulez conjuguer les variations du radical et les terminaisons du verbe modèle.
• Les difficultés particulières de chaque conjugaison sont indiquées par les lettres en couleur.

Exemples :

1. Comment s'écrit le verbe *sortir* à la 2ᵉ personne du singulier du présent de l'impératif ?
Sortir a pour numéro de conjugaison **22** (il se conjugue comme *dormir*).
À la 2ᵉ personne du singulier du présent de l'impératif, le verbe modèle s'écrit *dors* ; *sortir* s'écrira donc *sors*.

2. Quelle est la 3ᵉ personne du singulier du présent du subjonctif du verbe *requérir* ?
Requérir a pour numéro de conjugaison **28** (il se conjugue comme *acquérir*).
Acquérir fait *qu'il acquière* à la 3ᵉ personne du singulier du présent du subjonctif ; *requérir* fera donc *qu'il requière*.

Liste des 83 verbes types

1. Avoir
2. Être
3. Chanter
4. Crier
5. Créer
6. Placer
7. Manger
8. Naviguer
9. Céder
10. Assiéger
11. Lever
12. Appeler
13. Geler
14. Jeter
15. Acheter
16. Payer
17. Essuyer
18. Employer
19. Envoyer
20. Finir
21. Haïr
22. Dormir
23. Vêtir
24. Bouillir
25. Courir
26. Mourir
27. Venir
28. Acquérir
29. Offrir
30. Cueillir
31. Assaillir
32. Faillir
33. Fuir
34. Gésir
35. Ouïr
36. Recevoir
37. Voir
38. Prévoir
39. Pourvoir
40. Asseoir
41. Surseoir
42. Savoir
43. Devoir
44. Pouvoir
45. Vouloir
46. Valoir
47. Prévaloir
48. Mouvoir
49. Falloir
50. Pleuvoir
51. Déchoir
52. Rendre
53. Prendre
54. Craindre
55. Peindre
56. Joindre
57. Résoudre
58. Coudre
59. Moudre
60. Rompre
61. Vaincre
62. Battre
63. Mettre
64. Connaître
65. Naître
66. Croître
67. Croire
68. Plaire
69. Traire
70. Suivre
71. Vivre
72. Suffire
73. Dire
74. Maudire
75. Lire
76. Écrire
77. Rire
78. Conduire
79. Boire
80. Conclure
81. Clore
82. Faire
83. Aller

1 AVOIR

INDICATIF

Présent
j' ai
tu as
il a
ns avons
vs avez
ils ont

Passé composé
j' ai eu
tu as eu
il a eu
ns avons eu
vs avez eu
ils ont eu

Imparfait
j' avais
tu avais
il avait
ns avions
vs aviez
ils avaient

Plus-que parfait
j' avais eu
tu avais eu
il avait eu
ns avions eu
vs aviez eu
ils avaient eu

Passé simple
j' eus
tu eus
il eut
ns eûmes
vs eûtes
ils eurent

Passé antérieur
j' eus eu
tu eus eu
il eut eu
ns eûmes eu
vs eûtes eu
ils eurent eu

Futur simple
j' aurai
tu auras
il aura
ns aurons
vs aurez
ils auront

Futur antérieur
j' aurai eu
tu auras eu
il aura eu
ns aurons eu
vs aurez eu
ils auront eu

SUBJONCTIF

Présent
que j' aie
que tu aies
qu' il ait
que ns ayons
que vs ayez
qu' ils aient

Imparfait
que j' eusse
que tu eusses
qu' il eût
que ns eussions
que vs eussiez
qu' ils eussent

Passé
que j' aie eu
que tu aies eu
qu' il ait eu
que ns ayons eu
que vs ayez eu
qu' ils aient eu

Plus-que-parfait
que j' eusse eu
que tu eusses eu
qu' il eût eu
que ns eussions eu
que vs eussiez eu
qu' ils eussent eu

CONDITIONNEL

Présent
j' aurais
tu aurais
il aurait
ns aurions
vs auriez
ils auraient

Passé 1re forme
j' aurais eu
tu aurais eu
il aurait eu
ns aurions eu
vs auriez eu
ils auraient eu

Passé 2e forme
j' eusse eu
tu eusses eu
il eût eu
ns eussions eu
vs eussiez eu
ils eussent eu

IMPÉRATIF

Présent
aie   ayons   ayez

Passé
aie eu   ayons eu   ayez eu

INFINITIF

Présent
avoir

Passé
avoir eu

PARTICIPE

Présent
ayant

Passé
eu, eue

Passé composé
ayant eu

ÊTRE

INDICATIF

Présent
je suis
tu es
il est
ns sommes
vs êtes
ils sont

Passé composé
j' ai été
tu as été
il a été
ns avons été
vs avez été
ils ont été

Imparfait
j' étais
tu étais
il était
ns étions
vs étiez
ils étaient

Plus-que-parfait
j' avais été
tu avais été
il avait été
ns avions été
vs aviez été
ils avaient été

Passé simple
je fus
tu fus
il fut
ns fûmes
vs fûtes
ils furent

Passé antérieur
j' eus été
tu eus été
il eut été
ns eûmes été
vs eûtes été
ils eurent été

Futur simple
je serai
tu seras
il sera
ns serons
vs serez
ils seront

Futur antérieur
j' aurai été
tu auras été
il aura été
ns aurons été
vs aurez été
ils auront été

SUBJONCTIF

Présent
que je sois
que tu sois
qu' il soit
que ns soyons
que vs soyez
qu' ils soient

Imparfait
que je fusse
que tu fusses
qu' il fût
que ns fussions
que vs fussiez
qu' ils fussent

Passé
que j' aie été
que tu aies été
qu' il ait été
que ns ayons été
que vs ayez été
qu' ils aient été

Plus-que-parfait
que j' eusse été
que tu eusses été
qu' il eût été
que ns eussions été
que vs eussiez été
qu' ils eussent été

CONDITIONNEL

Présent
je serais
tu serais
il serait
ns serions
vs seriez
ils seraient

Passé 1re forme
j' aurais été
tu aurais été
il aurait été
ns aurions été
vs auriez été
ils auraient été

Passé 2e forme
j' eusse été
tu eusses été
il eût été
ns eussions été
vs eussiez été
ils eussent été

IMPÉRATIF

Présent
sois   soyons   soyez

Passé
aie été   ayons été   ayez été

INFINITIF

Présent
être

Passé
avoir été

PARTICIPE

Présent
étant

Passé
été

Passé composé
ayant été

3 CHANTER — 1er groupe

INDICATIF

Présent
- je chante
- tu chantes
- il chante
- ns chantons
- vs chantez
- ils chantent

Imparfait
- je chantais
- tu chantais
- il chantait
- ns chantions
- vs chantiez
- ils chantaient

Passé simple
- je chantai
- tu chantas
- il chanta
- ns chantâmes
- vs chantâtes
- ils chantèrent

Futur simple
- je chanterai
- tu chanteras
- il chantera
- ns chanterons
- vs chanterez
- ils chanteront

Passé composé
- j' ai chanté
- tu as chanté
- il a chanté
- ns avons chanté
- vs avez chanté
- ils ont chanté

Plus-que-parfait
- j' avais chanté
- tu avais chanté
- il avait chanté
- ns avions chanté
- vs aviez chanté
- ils avaient chanté

Passé antérieur
- j' eus chanté
- tu eus chanté
- il eut chanté
- ns eûmes chanté
- vs eûtes chanté
- ils eurent chanté

Futur antérieur
- j' aurai chanté
- tu auras chanté
- il aura chanté
- ns aurons chanté
- vs aurez chanté
- ils auront chanté

SUBJONCTIF

Présent
- que je chante
- que tu chantes
- qu' il chante
- que ns chantions
- que vs chantiez
- qu' ils chantent

Imparfait
- que je chantasse
- que tu chantasses
- qu' il chantât
- que ns chantassions
- que vs chantassiez
- qu' ils chantassent

Passé
- que j' aie chanté
- que tu aies chanté
- qu' il ait chanté
- que ns ayons chanté
- que vs ayez chanté
- qu' ils aient chanté

Plus-que-parfait
- que j' eusse chanté
- que tu eusses chanté
- qu' il eût chanté
- que ns eussions chanté
- que vs eussiez chanté
- qu' ils eussent chanté

CONDITIONNEL

Présent
- je chanterais
- tu chanterais
- il chanterait
- ns chanterions
- vs chanteriez
- ils chanteraient

Passé 1re forme
- j' aurais chanté
- tu aurais chanté
- il aurait chanté
- ns aurions chanté
- vs auriez chanté
- ils auraient chanté

Passé 2e forme
- j' eusse chanté
- tu eusses chanté
- il eût chanté
- ns eussions chanté
- vs eussiez chanté
- ils eussent chanté

IMPÉRATIF

Présent
chante   chantons   chantez

Passé
aie chanté   ayons chanté   ayez chanté

INFINITIF

Présent
chanter

Passé
avoir chanté

PARTICIPE

Présent
chantant

Passé
chanté, e

Passé composé
ayant chanté

1ᵉʳ groupe — CRIER — 4

INDICATIF

Présent
- je crie
- tu cries
- il crie
- ns crions
- vs criez
- ils crient

Passé composé
- j' ai crié
- tu as crié
- il a crié
- ns avons crié
- vs avez crié
- ils ont crié

Imparfait
- je criais
- tu criais
- il criait
- ns criions
- vs criiez
- ils criaient

Plus-que-parfait
- j' avais crié
- tu avais crié
- il avait crié
- ns avions crié
- vs aviez crié
- ils avaient crié

Passé simple
- je criai
- tu crias
- il cria
- ns criâmes
- vs criâtes
- ils crièrent

Passé antérieur
- j' eus crié
- tu eus crié
- il eut crié
- ns eûmes crié
- vs eûtes crié
- ils eurent crié

Futur simple
- je crierai
- tu crieras
- il criera
- ns crierons
- vs crierez
- ils crieront

Futur antérieur
- j' aurai crié
- tu auras crié
- il aura crié
- ns aurons crié
- vs aurez crié
- ils auront crié

SUBJONCTIF

Présent
- que je crie
- que tu cries
- qu' il crie
- que ns criions
- que vs criiez
- qu' ils crient

Imparfait
- que je criasse
- que tu criasses
- qu' il criât
- que ns criassions
- que vs criassiez
- qu' ils criassent

Passé
- que j' aie crié
- que tu aies crié
- qu' il ait crié
- que ns ayons crié
- que vs ayez crié
- qu' ils aient crié

Plus-que-parfait
- que j' eusse crié
- que tu eusses crié
- qu' il eût crié
- que ns eussions crié
- que vs eussiez crié
- qu' ils eussent crié

CONDITIONNEL

Présent
- je crierais
- tu crierais
- il crierait
- ns crierions
- vs crieriez
- ils crieraient

Passé 1ʳᵉ forme
- j' aurais crié
- tu aurais crié
- il aurait crié
- ns aurions crié
- vs auriez crié
- ils auraient crié

Passé 2ᵉ forme
- j' eusse crié
- tu eusses crié
- il eût crié
- ns eussions crié
- vs eussiez crié
- ils eussent crié

IMPÉRATIF

Présent
crie — crions — criez

Passé
aie crié — ayons crié — ayez crié

INFINITIF

Présent
crier

Passé
avoir crié

PARTICIPE

Présent
criant

Passé
crié, e

Passé composé
ayant crié

5 CRÉER — 1er groupe

INDICATIF

Présent
- je crée
- tu crées
- il crée
- ns créons
- vs créez
- ils créent

Passé composé
- j' ai créé
- tu as créé
- il a créé
- ns avons créé
- vs avez créé
- ils ont créé

Imparfait
- je créais
- tu créais
- il créait
- ns créions
- vs créiez
- ils créaient

Plus-que-parfait
- j' avais créé
- tu avais créé
- il avait créé
- ns avions créé
- vs aviez créé
- ils avaient créé

Passé simple
- je créai
- tu créas
- il créa
- ns créâmes
- vs créâtes
- ils créèrent

Passé antérieur
- j' eus créé
- tu eus créé
- il eut créé
- ns eûmes créé
- vs eûtes créé
- ils eurent créé

Futur simple
- je créerai
- tu créeras
- il créera
- ns créerons
- vs créerez
- ils créeront

Futur antérieur
- j' aurai créé
- tu auras créé
- il aura créé
- ns aurons créé
- vs aurez créé
- ils auront créé

SUBJONCTIF

Présent
- que je crée
- que tu crées
- qu' il crée
- que ns créions
- que vs créiez
- qu' ils créent

Imparfait
- que je créasse
- que tu créasses
- qu' il créât
- que ns créassions
- que vs créassiez
- qu' ils créassent

Passé
- que j' aie créé
- que tu aies créé
- qu' il ait créé
- que ns ayons créé
- que vs ayez créé
- qu' ils aient créé

Plus-que-parfait
- que j' eusse créé
- que tu eusses créé
- qu' il eût créé
- que ns eussions créé
- que vs eussiez créé
- qu' ils eussent créé

CONDITIONNEL

Présent
- je créerais
- tu créerais
- il créerait
- ns créerions
- vs créeriez
- ils créeraient

Passé 1re forme
- j' aurais créé
- tu aurais créé
- il aurait créé
- ns aurions créé
- vs auriez créé
- ils auraient créé

Passé 2e forme
- j' eusse créé
- tu eusses créé
- il eût créé
- ns eussions créé
- vs eussiez créé
- ils eussent créé

IMPÉRATIF

Présent
- crée créons créez

Passé
- aie créé ayons créé ayez créé

INFINITIF

Présent : créer

Passé : avoir créé

PARTICIPE

Présent : créant

Passé : créé, créée

Passé composé : ayant créé

PLACER

1er groupe — **6**

INDICATIF

Présent
je place
tu places
il place
ns plaçons
vs placez
ils placent

Imparfait
je plaçais
tu plaçais
il plaçait
ns placions
vs placiez
ils plaçaient

Passé simple
je plaçai
tu plaças
il plaça
ns plaçâmes
vs plaçâtes
ils placèrent

Futur simple
je placerai
tu placeras
il placera
ns placerons
vs placerez
ils placeront

Passé composé
j' ai placé
tu as placé
il a placé
ns avons placé
vs avez placé
ils ont placé

Plus-que-parfait
j' avais placé
tu avais placé
il avait placé
ns avions placé
vs aviez placé
ils avaient placé

Passé antérieur
j' eus placé
tu eus placé
il eut placé
ns eûmes placé
vs eûtes placé
ils eurent placé

Futur antérieur
j' aurai placé
tu auras placé
il aura placé
ns aurons placé
vs aurez placé
ils auront placé

SUBJONCTIF

Présent
que je place
que tu places
qu' il place
que ns placions
que vs placiez
qu' ils placent

Imparfait
que je plaçasse
que tu plaçasses
qu' il plaçât
que ns plaçassions
que vs plaçassiez
qu' ils plaçassent

Passé
que j' aie placé
que tu aies placé
qu' il ait placé
que ns ayons placé
que vs ayez placé
qu' ils aient placé

Plus-que-parfait
que j' eusse placé
que tu eusses placé
qu' il eût placé
que ns eussions placé
que vs eussiez placé
qu' ils eussent placé

CONDITIONNEL

Présent
je placerais
tu placerais
il placerait
ns placerions
vs placeriez
ils placeraient

Passé 1re forme
j' aurais placé
tu aurais placé
il aurait placé
ns aurions placé
vs auriez placé
ils auraient placé

Passé 2e forme
j' eusse placé
tu eusses placé
il eût placé
ns eussions placé
vs eussiez placé
ils eussent placé

IMPÉRATIF

Présent
place plaçons placez

Passé
aie placé ayons placé ayez placé

INFINITIF

Présent
placer

Passé
avoir placé

PARTICIPE

Présent
plaçant

Passé
placé, e

Passé composé
ayant placé

7 MANGER — 1er groupe

INDICATIF

Présent
- je mange
- tu manges
- il mange
- ns mangeons
- vs mangez
- ils mangent

Imparfait
- je mangeais
- tu mangeais
- il mangeait
- ns mangions
- vs mangiez
- ils mangeaient

Passé simple
- je mangeai
- tu mangeas
- il mangea
- ns mangeâmes
- vs mangeâtes
- ils mangèrent

Futur simple
- je mangerai
- tu mangeras
- il mangera
- ns mangerons
- vs mangerez
- ils mangeront

Passé composé
- j ai mangé
- tu as mangé
- il a mangé
- ns avons mangé
- vs avez mangé
- ils ont mangé

Plus-que-parfait
- j avais mangé
- tu avais mangé
- il avait mangé
- ns avions mangé
- vs aviez mangé
- ils avaient mangé

Passé antérieur
- j eus mangé
- tu eus mangé
- il eut mangé
- ns eûmes mangé
- vs eûtes mangé
- ils eurent mangé

Futur antérieur
- j aurai mangé
- tu auras mangé
- il aura mangé
- ns aurons mangé
- vs aurez mangé
- ils auront mangé

SUBJONCTIF

Présent
- que je mange
- que tu manges
- qu il mange
- que ns mangions
- que vs mangiez
- qu ils mangent

Imparfait
- que je mangeasse
- que tu mangeasses
- qu il mangeât
- que ns mangeassions
- que vs mangeassiez
- qu ils mangeassent

Passé
- que j aie mangé
- que tu aies mangé
- qu il ait mangé
- que ns ayons mangé
- que vs ayez mangé
- qu ils aient mangé

Plus-que-parfait
- que j eusse mangé
- que tu eusses mangé
- qu il eût mangé
- que ns eussions mangé
- que vs eussiez mangé
- qu ils eussent mangé

CONDITIONNEL

Présent
- je mangerais
- tu mangerais
- il mangerait
- ns mangerions
- vs mangeriez
- ils mangeraient

Passé 1re forme
- j aurais mangé
- tu aurais mangé
- il aurait mangé
- ns aurions mangé
- vs auriez mangé
- ils auraient mangé

Passé 2e forme
- j eusse mangé
- tu eusses mangé
- il eût mangé
- ns eussions mangé
- vs eussiez mangé
- ils eussent mangé

IMPÉRATIF

Présent
mange   mangeons   mangez

Passé
aie mangé   ayons mangé   ayez mangé

INFINITIF

Présent
manger

Passé
avoir mangé

PARTICIPE

Présent
mangeant

Passé
mangé, e

Passé composé
ayant mangé

1er groupe — NAVIGUER — 8

INDICATIF

Présent
je navigue
tu navigues
il navigue
ns naviguons
vs naviguez
ils naviguent

Imparfait
je naviguais
tu naviguais
il naviguait
ns naviguions
vs naviguiez
ils naviguaient

Passé simple
je naviguai
tu naviguas
il navigua
ns naviguâmes
vs naviguâtes
ils naviguèrent

Futur simple
je naviguerai
tu navigueras
il naviguera
ns naviguerons
vs naviguerez
ils navigueront

Passé composé
j' ai navigué
tu as navigué
il a navigué
ns avons navigué
vs avez navigué
ils ont navigué

Plus-que-parfait
j' avais navigué
tu avais navigué
il avait navigué
ns avions navigué
vs aviez navigué
ils avaient navigué

Passé antérieur
j' eus navigué
tu eus navigué
il eut navigué
ns eûmes navigué
vs eûtes navigué
ils eurent navigué

Futur antérieur
j' aurai navigué
tu auras navigué
il aura navigué
ns aurons navigué
vs aurez navigué
ils auront navigué

SUBJONCTIF

Présent
que je navigue
que tu navigues
qu' il navigue
que ns naviguions
que vs naviguiez
qu' ils naviguent

Imparfait
que je naviguasse
que tu naviguasses
qu' il naviguât
que ns naviguassions
que vs naviguassiez
qu' ils naviguassent

Passé
que j' aie navigué
que tu aies navigué
qu' il ait navigué
que ns ayons navigué
que vs ayez navigué
qu' ils aient navigué

Plus-que-parfait
que j' eusse navigué
que tu eusses navigué
qu' il eût navigué
que ns eussions navigué
que vs eussiez navigué
qu' ils eussent navigué

CONDITIONNEL

Présent
je naviguerais
tu naviguerais
il naviguerait
ns naviguerions
vs navigueriez
ils navigueraient

Passé 1re forme
j' aurais navigué
tu aurais navigué
il aurait navigué
ns aurions navigué
vs auriez navigué
ils auraient navigué

Passé 2e forme
j' eusse navigué
tu eusses navigué
il eût navigué
ns eussions navigué
vs eussiez navigué
ils eussent navigué

IMPÉRATIF

Présent
navigue   naviguons   naviguez

Passé
aie navigué   ayons navigué   ayez navigué

INFINITIF

Présent
naviguer

Passé
avoir navigué

PARTICIPE

Présent
naviguant

Passé
navigué, e

Passé composé
ayant navigué

9 CÉDER — 1er groupe

INDICATIF

Présent
- je cède
- tu cèdes
- il cède
- ns cédons
- vs cédez
- ils cèdent

Imparfait
- je cédais
- tu cédais
- il cédait
- ns cédions
- vs cédiez
- ils cédaient

Passé simple
- je cédai
- tu cédas
- il céda
- ns cédâmes
- vs cédâtes
- ils cédèrent

Futur simple
- je céderai (cèderai)
- tu céderas (cèderas)
- il cédera (cèdera)
- ns céderons (cèderons)
- vs céderez (cèderez)
- ils céderont (cèderont)

Passé composé
- j' ai cédé
- tu as cédé
- il a cédé
- ns avons cédé
- vs avez cédé
- ils ont cédé

Plus-que-parfait
- j' avais cédé
- tu avais cédé
- il avait cédé
- ns avions cédé
- vs aviez cédé
- ils avaient cédé

Passé antérieur
- j' eus cédé
- tu eus cédé
- il eut cédé
- ns eûmes cédé
- vs eûtes cédé
- ils eurent cédé

Futur antérieur
- j' aurai cédé
- tu auras cédé
- il aura cédé
- ns aurons cédé
- vs aurez cédé
- ils auront cédé

SUBJONCTIF

Présent
- que je cède
- que tu cèdes
- qu' il cède
- que ns cédions
- que vs cédiez
- qu' ils cèdent

Imparfait
- que je cédasse
- que tu cédasses
- qu' il cédât
- que ns cédassions
- que vs cédassiez
- qu' ils cédassent

Passé
- que j' aie cédé
- que tu aies cédé
- qu' il ait cédé
- que ns ayons cédé
- que vs ayez cédé
- qu' ils aient cédé

Plus-que-parfait
- que j' eusse cédé
- que tu eusses cédé
- qu' il eût cédé
- que ns eussions cédé
- que vs eussiez cédé
- qu' ils eussent cédé

CONDITIONNEL

Présent
- je céderais (cèderais)
- tu céderais (cèderais)
- il céderait (cèderait)
- ns céderions (cèderions)
- vs céderiez (cèderiez)
- ils céderaient (cèderaient)

Passé 1re forme
- j' aurais cédé
- tu aurais cédé
- il aurait cédé
- ns aurions cédé
- vs auriez cédé
- ils auraient cédé

Passé 2e forme
- j' eusse cédé
- tu eusses cédé
- il eût cédé
- ns eussions cédé
- vs eussiez cédé
- ils eussent cédé

IMPÉRATIF

Présent
cède cédons cédez

Passé
aie cédé ayons cédé ayez cédé

INFINITIF

Présent: céder
Passé: avoir cédé

PARTICIPE

Présent: cédant
Passé: cédé, e
Passé composé: ayant cédé

1er groupe — ASSIÉGER — 10

INDICATIF

Présent
j' assiège
tu assièges
il assiège
ns assiégeons
vs assiégez
ils assiègent

Passé composé
j' ai assiégé
tu as assiégé
il a assiégé
ns avons assiégé
vs avez assiégé
ils ont assiégé

Imparfait
j' assiégeais
tu assiégeais
il assiégeait
ns assiégions
vs assiégiez
ils assiégeaient

Plus-que-parfait
j' avais assiégé
tu avais assiégé
il avait assiégé
ns avions assiégé
vs aviez assiégé
ils avaient assiégé

Passé simple
j' assiégeai
tu assiégeas
il assiégea
ns assiégeâmes
vs assiégeâtes
ils assiégèrent

Passé antérieur
j' eus assiégé
tu eus assiégé
il eut assiégé
ns eûmes assiégé
vs eûtes assiégé
ils eurent assiégé

Futur simple
j' assiégerai (assiègerai)
tu assiégeras (assiègeras)
il assiégera (assiègera)
ns assiégerons (assiègerons)
vs assiégerez (assiègerez)
ils assiégeront (assiègeront)

Futur antérieur
j' aurai assiégé
tu auras assiégé
il aura assiégé
ns aurons assiégé
vs aurez assiégé
ils auront assiégé

SUBJONCTIF

Présent
que j' assiège
que tu assièges
qu' il assiège
que ns assiégions
que vs assiégiez
qu' ils assiègent

Imparfait
que j' assiégeasse
que tu assiégeasses
qu' il assiégeât
que ns assiégeassions
que vs assiégeassiez
qu' ils assiégeassent

Passé
que j' aie assiégé
que tu aies assiégé
qu' il ait assiégé
que ns ayons assiégé
que vs ayez assiégé
qu' ils aient assiégé

Plus-que-parfait
que j' eusse assiégé
que tu eusses assiégé
qu' il eût assiégé
que ns eussions assiégé
que vs eussiez assiégé
qu' ils eussent assiégé

CONDITIONNEL

Présent
j' assiégerais (assiègerais)
tu assiégerais (assiègerais)
il assiégerait (assiègerait)
ns assiégerions (assiègerions)
vs assiégeriez (assiègeriez)
ils assiégeraient (assiègeraient)

Passé 1re forme
j' aurais assiégé
tu aurais assiégé
il aurait assiégé
ns aurions assiégé
vs auriez assiégé
ils auraient assiégé

Passé 2e forme
j' eusse assiégé
tu eusses assiégé
il eût assiégé
ns eussions assiégé
vs eussiez assiégé
ils eussent assiégé

IMPÉRATIF

Présent
assiège   assiégeons   assiégez

Passé
aie assiégé   ayons assiégé   ayez assiégé

INFINITIF

Présent
assiéger

Passé
avoir assiégé

PARTICIPE

Présent
assiégeant

Passé
assiégé, e

Passé composé
ayant assiégé

11 LEVER — 1er groupe

INDICATIF

Présent
- je lève
- tu lèves
- il lève
- ns levons
- vs levez
- ils lèvent

Passé composé
- j' ai levé
- tu as levé
- il a levé
- ns avons levé
- vs avez levé
- ils ont levé

Imparfait
- je levais
- tu levais
- il levait
- ns levions
- vs leviez
- ils levaient

Plus-que-parfait
- j' avais levé
- tu avais levé
- il avait levé
- ns avions levé
- vs aviez levé
- ils avaient levé

Passé simple
- je levai
- tu levas
- il leva
- ns levâmes
- vs levâtes
- ils levèrent

Passé antérieur
- j' eus levé
- tu eus levé
- il eut levé
- ns eûmes levé
- vs eûtes levé
- ils eurent levé

Futur simple
- je lèverai
- tu lèveras
- il lèvera
- ns lèverons
- vs lèverez
- ils lèveront

Futur antérieur
- j' aurai levé
- tu auras levé
- il aura levé
- ns aurons levé
- vs aurez levé
- ils auront levé

SUBJONCTIF

Présent
- que je lève
- que tu lèves
- qu' il lève
- que ns levions
- que vs leviez
- qu' ils lèvent

Imparfait
- que je levasse
- que tu levasses
- qu' il levât
- que ns levassions
- que vs levassiez
- qu' ils levassent

Passé
- que j' aie levé
- que tu aies levé
- qu' il ait levé
- que ns ayons levé
- que vs ayez levé
- qu' ils aient levé

Plus-que-parfait
- que j' eusse levé
- que tu eusses levé
- qu' il eût levé
- que ns eussions levé
- que vs eussiez levé
- qu' ils eussent levé

CONDITIONNEL

Présent
- je lèverais
- tu lèverais
- il lèverait
- ns lèverions
- vs lèveriez
- ils lèveraient

Passé 1re forme
- j' aurais levé
- tu aurais levé
- il aurait levé
- ns aurions levé
- vs auriez levé
- ils auraient levé

Passé 2e forme
- j' eusse levé
- tu eusses levé
- il eût levé
- ns eussions levé
- vs eussiez levé
- ils eussent levé

IMPÉRATIF

Présent
- lève
- levons
- levez

Passé
- aie levé
- ayons levé
- ayez levé

INFINITIF

Présent
- lever

Passé
- avoir levé

PARTICIPE

Présent
- levant

Passé
- levé, e

Passé composé
- ayant levé

1er groupe — APPELER — 12

INDICATIF

Présent
j' appelle
tu appelles
il appelle
ns appelons
vs appelez
ils appellent

Passé composé
j' ai appelé
tu as appelé
il a appelé
ns avons appelé
vs avez appelé
ils ont appelé

Imparfait
j' appelais
tu appelais
il appelait
ns appelions
vs appeliez
ils appelaient

Plus-que-parfait
j' avais appelé
tu avais appelé
il avait appelé
ns avions appelé
vs aviez appelé
ils avaient appelé

Passé simple
j' appelai
tu appelas
il appela
ns appelâmes
vs appelâtes
ils appelèrent

Passé antérieur
j' eus appelé
tu eus appelé
il eut appelé
ns eûmes appelé
vs eûtes appelé
ils eurent appelé

Futur simple
j' appellerai
tu appelleras
il appellera
ns appellerons
vs appellerez
ils appelleront

Futur antérieur
j' aurai appelé
tu auras appelé
il aura appelé
ns aurons appelé
vs aurez appelé
ils auront appelé

SUBJONCTIF

Présent
que j' appelle
que tu appelles
qu' il appelle
que ns appelions
que vs appeliez
qu' ils appellent

Imparfait
que j' appelasse
que tu appelasses
qu' il appelât
que ns appelassions
que vs appelassiez
qu' ils appelassent

Passé
que j' aie appelé
que tu aies appelé
qu' il ait appelé
que ns ayons appelé
que vs ayez appelé
qu' ils aient appelé

Plus-que-parfait
que j' eusse appelé
que tu eusses appelé
qu' il eût appelé
que ns eussions appelé
que vs eussiez appelé
qu' ils eussent appelé

CONDITIONNEL

Présent
j' appellerais
tu appellerais
il appellerait
ns appellerions
vs appelleriez
ils appelleraient

Passé 1re forme
j' aurais appelé
tu aurais appelé
il aurait appelé
ns aurions appelé
vs auriez appelé
ils auraient appelé

Passé 2e forme
j' eusse appelé
tu eusses appelé
il eût appelé
ns eussions appelé
vs eussiez appelé
ils eussent appelé

IMPÉRATIF

Présent
appelle   appelons   appelez

Passé
aie appelé   ayons appelé   ayez appelé

INFINITIF

Présent
appeler

Passé
avoir appelé

PARTICIPE

Présent
appelant

Passé
appelé, e

Passé composé
ayant appelé

13 GELER — 1er groupe

INDICATIF

Présent
- je gèle
- tu gèles
- il gèle
- ns gelons
- vs gelez
- ils gèlent

Passé composé
- j' ai gelé
- tu as gelé
- il a gelé
- ns avons gelé
- vs avez gelé
- ils ont gelé

Imparfait
- je gelais
- tu gelais
- il gelait
- ns gelions
- vs geliez
- ils gelaient

Plus-que-parfait
- j' avais gelé
- tu avais gelé
- il avait gelé
- ns avions gelé
- vs aviez gelé
- ils avaient gelé

Passé simple
- je gelai
- tu gelas
- il gela
- ns gelâmes
- vs gelâtes
- ils gelèrent

Passé antérieur
- j' eus gelé
- tu eus gelé
- il eut gelé
- ns eûmes gelé
- vs eûtes gelé
- ils eurent gelé

Futur simple
- je gèlerai
- tu gèleras
- il gèlera
- ns gèlerons
- vs gèlerez
- ils gèleront

Futur antérieur
- j' aurai gelé
- tu auras gelé
- il aura gelé
- ns aurons gelé
- vs aurez gelé
- ils auront gelé

SUBJONCTIF

Présent
- que je gèle
- que tu gèles
- qu' il gèle
- que ns gelions
- que vs geliez
- qu' ils gèlent

Imparfait
- que je gelasse
- que tu gelasses
- qu' il gelât
- que ns gelassions
- que vs gelassiez
- qu' ils gelassent

Passé
- que j' aie gelé
- que tu aies gelé
- qu' il ait gelé
- que ns ayons gelé
- que vs ayez gelé
- qu' ils aient gelé

Plus-que-parfait
- que j' eusse gelé
- que tu eusses gelé
- qu' il eût gelé
- que ns eussions gelé
- que vs eussiez gelé
- qu' ils eussent gelé

CONDITIONNEL

Présent
- je gèlerais
- tu gèlerais
- il gèlerait
- ns gèlerions
- vs gèleriez
- ils gèleraient

Passé 1re forme
- j' aurais gelé
- tu aurais gelé
- il aurait gelé
- ns aurions gelé
- vs auriez gelé
- ils auraient gelé

Passé 2e forme
- j' eusse gelé
- tu eusses gelé
- il eût gelé
- ns eussions gelé
- vs eussiez gelé
- ils eussent gelé

IMPÉRATIF

Présent
gèle   gelons   gelez

Passé
aie gelé   ayons gelé   ayez gelé

INFINITIF

Présent
geler

Passé
avoir gelé

PARTICIPE

Présent
gelant

Passé
gelé, e

Passé composé
ayant gelé

JETER

1er groupe — 14

INDICATIF

Présent
je jette
tu jettes
il jette
ns jetons
vs jetez
ils jettent

Passé composé
j' ai jeté
tu as jeté
il a jeté
ns avons jeté
vs avez jeté
ils ont jeté

Imparfait
je jetais
tu jetais
il jetait
ns jetions
vs jetiez
ils jetaient

Plus-que-parfait
j' avais jeté
tu avais jeté
il avait jeté
ns avions jeté
vs aviez jeté
ils avaient jeté

Passé simple
je jetai
tu jetas
il jeta
ns jetâmes
vs jetâtes
ils jetèrent

Passé antérieur
j' eus jeté
tu eus jeté
il eut jeté
ns eûmes jeté
vs eûtes jeté
ils eurent jeté

Futur simple
je jetterai
tu jetteras
il jettera
ns jetterons
vs jetterez
ils jetteront

Futur antérieur
j' aurai jeté
tu auras jeté
il aura jeté
ns aurons jeté
vs aurez jeté
ils auront jeté

SUBJONCTIF

Présent
que je jette
que tu jettes
qu' il jette
que ns jetions
que vs jetiez
qu' ils jettent

Imparfait
que je jetasse
que tu jetasses
qu' il jetât
que ns jetassions
que vs jetassiez
qu' ils jetassent

Passé
que j' aie jeté
que tu aies jeté
qu' il ait jeté
que ns ayons jeté
que vs ayez jeté
qu' ils aient jeté

Plus-que-parfait
que j' eusse jeté
que tu eusses jeté
qu' il eût jeté
que ns eussions jeté
que vs eussiez jeté
qu' ils eussent jeté

CONDITIONNEL

Présent
je jetterais
tu jetterais
il jetterait
ns jetterions
vs jetteriez
ils jetteraient

Passé 1re forme
j' aurais jeté
tu aurais jeté
il aurait jeté
ns aurions jeté
vs auriez jeté
ils auraient jeté

Passé 2e forme
j' eusse jeté
tu eusses jeté
il eût jeté
ns eussions jeté
vs eussiez jeté
ils eussent jeté

IMPÉRATIF

Présent
jette   jetons   jetez

Passé
aie jeté   ayons jeté   ayez jeté

INFINITIF

Présent
jeter

Passé
avoir jeté

PARTICIPE

Présent
jetant

Passé
jeté, e

Passé composé
ayant jeté

15 ACHETER — 1er groupe

INDICATIF

Présent
- j' achète
- tu achètes
- il achète
- ns achetons
- vs achetez
- ils achètent

Passé composé
- j' ai acheté
- tu as acheté
- il a acheté
- ns avons acheté
- vs avez acheté
- ils ont acheté

Imparfait
- j' achetais
- tu achetais
- il achetait
- ns achetions
- vs achetiez
- ils achetaient

Plus-que-parfait
- j' avais acheté
- tu avais acheté
- il avait acheté
- ns avions acheté
- vs aviez acheté
- ils avaient acheté

Passé simple
- j' achetai
- tu achetas
- il acheta
- ns achetâmes
- vs achetâtes
- ils achetèrent

Passé antérieur
- j' eus acheté
- tu eus acheté
- il eut acheté
- ns eûmes acheté
- vs eûtes acheté
- ils eurent acheté

Futur simple
- j' achèterai
- tu achèteras
- il achètera
- ns achèterons
- vs achèterez
- ils achèteront

Futur antérieur
- j' aurai acheté
- tu auras acheté
- il aura acheté
- ns aurons acheté
- vs aurez acheté
- ils auront acheté

SUBJONCTIF

Présent
- que j' achète
- que tu achètes
- qu' il achète
- que ns achetions
- que vs achetiez
- qu' ils achètent

Imparfait
- que j' achetasse
- que tu achetasses
- qu' il achetât
- que ns achetassions
- que vs achetassiez
- qu' ils achetassent

Passé
- que j' aie acheté
- que tu aies acheté
- qu' il ait acheté
- que ns ayons acheté
- que vs ayez acheté
- qu' ils aient acheté

Plus-que-parfait
- que j' eusse acheté
- que tu eusses acheté
- qu' il eût acheté
- que ns eussions acheté
- que vs eussiez acheté
- qu' ils eussent acheté

CONDITIONNEL

Présent
- j' achèterais
- tu achèterais
- il achèterait
- ns achèterions
- vs achèteriez
- ils achèteraient

Passé 1re forme
- j' aurais acheté
- tu aurais acheté
- il aurait acheté
- ns aurions acheté
- vs auriez acheté
- ils auraient acheté

Passé 2e forme
- j' eusse acheté
- tu eusses acheté
- il eût acheté
- ns eussions acheté
- vs eussiez acheté
- ils eussent acheté

IMPÉRATIF

Présent
achète   achetons   achetez

Passé
aie acheté   ayons acheté   ayez acheté

INFINITIF

Présent
acheter

Passé
avoir acheté

PARTICIPE

Présent
achetant

Passé
acheté, e

Passé composé
ayant acheté

1er groupe — PAYER — 16

INDICATIF

Présent
je paie
tu paies
il paie
ns payons
vs payez
ils paient

Passé composé
j' ai payé
tu as payé
il a payé
ns avons payé
vs avez payé
ils ont payé

Imparfait
je payais
tu payais
il payait
ns payions
vs payiez
ils payaient

Plus-que-parfait
j' avais payé
tu avais payé
il avait payé
ns avions payé
vs aviez payé
ils avaient payé

Passé simple
je payai
tu payas
il paya
ns payâmes
vs payâtes
ils payèrent

Passé antérieur
j' eus payé
tu eus payé
il eut payé
ns eûmes payé
vs eûtes payé
ils eurent payé

Futur simple
je paierai
tu paieras
il paiera
ns paierons
vs paierez
ils paieront

Futur antérieur
j' aurai payé
tu auras payé
il aura payé
ns aurons payé
vs aurez payé
ils auront payé

SUBJONCTIF

Présent
que je paie
que tu paies
qu' il paie
que ns payions
que vs payiez
qu' ils paient

Imparfait
que je payasse
que tu payasses
qu' il payât
que ns payassions
que vs payassiez
qu' ils payassent

Passé
que j' aie payé
que tu aies payé
qu' il ait payé
que ns ayons payé
que vs ayez payé
qu' ils aient payé

Plus-que-parfait
que j' eusse payé
que tu eusses payé
qu' il eût payé
que ns eussions payé
que vs eussiez payé
qu' ils eussent payé

CONDITIONNEL

Présent
je paierais
tu paierais
il paierait
ns paierions
vs paieriez
ils paieraient

Passé 1re forme
j' aurais payé
tu aurais payé
il aurait payé
ns aurions payé
vs auriez payé
ils auraient payé

Passé 2e forme
j' eusse payé
tu eusses payé
il eût payé
ns eussions payé
vs eussiez payé
ils eussent payé

IMPÉRATIF

Présent
paie   payons   payez

Passé
aie payé   ayons payé   ayez payé

INFINITIF

Présent
payer

Passé
avoir payé

PARTICIPE

Présent
payant

Passé
payé, e

Passé composé
ayant payé

17 ESSUYER — 1er groupe

INDICATIF

Présent
j' essuie
tu essuies
il essuie
ns essuyons
vs essuyez
ils essuient

Imparfait
j' essuyais
tu essuyais
il essuyait
ns essuyions
vs essuyiez
ils essuyaient

Passé simple
j' essuyai
tu essuyas
il essuya
ns essuyâmes
vs essuyâtes
ils essuyèrent

Futur simple
j' essuierai
tu essuieras
il essuiera
ns essuierons
vs essuierez
ils essuieront

Passé composé
j' ai essuyé
tu as essuyé
il a essuyé
ns avons essuyé
vs avez essuyé
ils ont essuyé

Plus-que-parfait
j' avais essuyé
tu avais essuyé
il avait essuyé
ns avions essuyé
vs aviez essuyé
ils avaient essuyé

Passé antérieur
j' eus essuyé
tu eus essuyé
il eut essuyé
ns eûmes essuyé
vs eûtes essuyé
ils eurent essuyé

Futur antérieur
j' aurai essuyé
tu auras essuyé
il aura essuyé
ns aurons essuyé
vs aurez essuyé
ils auront essuyé

SUBJONCTIF

Présent
que j' essuie
que tu essuies
qu' il essuie
que ns essuyions
que vs essuyiez
qu' ils essuient

Imparfait
que j' essuyasse
que tu essuyasses
qu' il essuyât
que ns essuyassions
que vs essuyassiez
qu' ils essuyassent

Passé
que j' aie essuyé
que tu aies essuyé
qu' il ait essuyé
que ns ayons essuyé
que vs ayez essuyé
qu' ils aient essuyé

Plus-que-parfait
que j' eusse essuyé
que tu eusses essuyé
qu' il eût essuyé
que ns eussions essuyé
que vs eussiez essuyé
qu' ils eussent essuyé

CONDITIONNEL

Présent
j' essuierais
tu essuierais
il essuierait
ns essuierions
vs essuieriez
ils essuieraient

Passé 1re forme
j' aurais essuyé
tu aurais essuyé
il aurait essuyé
ns aurions essuyé
vs auriez essuyé
ils auraient essuyé

Passé 2e forme
j' eusse essuyé
tu eusses essuyé
il eût essuyé
ns eussions essuyé
vs eussiez essuyé
ils eussent essuyé

IMPÉRATIF

Présent
essuie   essuyons   essuyez

Passé
aie essuyé   ayons essuyé   ayez essuyé

INFINITIF

Présent
essuyer

Passé
avoir essuyé

PARTICIPE

Présent
essuyant

Passé
essuyé, e

Passé composé
ayant essuyé

1er groupe — EMPLOYER — 18

INDICATIF

Présent
j' emploie
tu emploies
il emploie
ns employons
vs employez
ils emploient

Passé composé
j' ai employé
tu as employé
il a employé
ns avons employé
vs avez employé
ils ont employé

Imparfait
j' employais
tu employais
il employait
ns employions
vs employiez
ils employaient

Plus-que-parfait
j' avais employé
tu avais employé
il avait employé
ns avions employé
vs aviez employé
ils avaient employé

Passé simple
j' employai
tu employas
il employa
ns employâmes
vs employâtes
ils employèrent

Passé antérieur
j' eus employé
tu eus employé
il eut employé
ns eûmes employé
vs eûtes employé
ils eurent employé

Futur simple
j' emploierai
tu emploieras
il emploiera
ns emploierons
vs emploierez
ils emploieront

Futur antérieur
j' aurai employé
tu auras employé
il aura employé
ns aurons employé
vs aurez employé
ils auront employé

SUBJONCTIF

Présent
que j' emploie
que tu emploies
qu' il emploie
que ns employions
que vs employiez
qu' ils emploient

Imparfait
que j' employasse
que tu employasses
qu' il employât
que ns employassions
que vs employassiez
qu' ils employassent

Passé
que j' aie employé
que tu aies employé
qu' il ait employé
que ns ayons employé
que vs ayez employé
qu' ils aient employé

Plus-que-parfait
que j' eusse employé
que tu eusses employé
qu' il eût employé
que ns eussions employé
que vs eussiez employé
qu' ils eussent employé

CONDITIONNEL

Présent
j' emploierais
tu emploierais
il emploierait
ns emploierions
vs emploieriez
ils emploieraient

Passé 1re forme
j' aurais employé
tu aurais employé
il aurait employé
ns aurions employé
vs auriez employé
ils auraient employé

Passé 2e forme
j' eusse employé
tu eusses employé
il eût employé
ns eussions employé
vs eussiez employé
ils eussent employé

IMPÉRATIF

Présent
emploie   employons   employez

Passé
aie employé   ayons employé   ayez employé

INFINITIF

Présent
employer

Passé
avoir employé

PARTICIPE

Présent
employant

Passé
employé, e

Passé composé
ayant employé

19 ENVOYER — 1er groupe

INDICATIF

Présent
j' envoie
tu envoies
il envoie
ns envoyons
vs envoyez
ils envoient

Imparfait
j' envoyais
tu envoyais
il envoyait
ns envoyions
vs envoyiez
ils envoyaient

Passé simple
j' envoyai
tu envoyas
il envoya
ns envoyâmes
vs envoyâtes
ils envoyèrent

Futur simple
j' **enverrai**
tu **enverras**
il **enverra**
ns **enverrons**
vs **enverrez**
ils **enverront**

Passé composé
j' ai envoyé
tu as envoyé
il a envoyé
ns avons envoyé
vs avez envoyé
ils ont envoyé

Plus-que-parfait
j' avais envoyé
tu avais envoyé
il avait envoyé
ns avions envoyé
vs aviez envoyé
ils avaient envoyé

Passé antérieur
j' eus envoyé
tu eus envoyé
il eut envoyé
ns eûmes envoyé
vs eûtes envoyé
ils eurent envoyé

Futur antérieur
j' aurai envoyé
tu auras envoyé
il aura envoyé
ns aurons envoyé
vs aurez envoyé
ils auront envoyé

SUBJONCTIF

Présent
que j' envoie
que tu envoies
qu' il envoie
que ns envoyions
que vs envoyiez
qu' ils envoient

Imparfait
que j' envoyasse
que tu envoyasses
qu' il envoyât
que ns envoyassions
que vs envoyassiez
qu' ils envoyassent

Passé
que j' aie envoyé
que tu aies envoyé
qu' il ait envoyé
que ns ayons envoyé
que vs ayez envoyé
qu' ils aient envoyé

Plus-que-parfait
que j' eusse envoyé
que tu eusses envoyé
qu' il eût envoyé
que ns eussions envoyé
que vs eussiez envoyé
qu' ils eussent envoyé

CONDITIONNEL

Présent
j' **enverrais**
tu **enverrais**
il **enverrait**
ns **enverrions**
vs **enverriez**
ils **enverraient**

Passé 1re forme
j' aurais envoyé
tu aurais envoyé
il aurait envoyé
ns aurions envoyé
vs auriez envoyé
ils auraient envoyé

Passé 2e forme
j' eusse envoyé
tu eusses envoyé
il eût envoyé
ns eussions envoyé
vs eussiez envoyé
ils eussent envoyé

IMPÉRATIF

Présent
envoie   envoyons   envoyez

Passé
aie envoyé   ayons envoyé   ayez envoyé

INFINITIF

Présent
envoyer

Passé
avoir envoyé

PARTICIPE

Présent
envoyant

Passé
envoyé, e

Passé composé
ayant envoyé

2ᵉ groupe — FINIR — 20

INDICATIF

Présent
je finis
tu finis
il finit
ns finissons
vs finissez
ils finissent

Passé composé
j' ai fini
tu as fini
il a fini
ns avons fini
vs avez fini
ils ont fini

Imparfait
je finissais
tu finissais
il finissait
ns finissions
vs finissiez
ils finissaient

Plus-que-parfait
j' avais fini
tu avais fini
il avait fini
ns avions fini
vs aviez fini
ils avaient fini

Passé simple
je finis
tu finis
il finit
ns finîmes
vs finîtes
ils finirent

Passé antérieur
j' eus fini
tu eus fini
il eut fini
ns eûmes fini
vs eûtes fini
ils eurent fini

Futur simple
je finirai
tu finiras
il finira
ns finirons
vs finirez
ils finiront

Futur antérieur
j' aurai fini
tu auras fini
il aura fini
ns aurons fini
vs aurez fini
ils auront fini

SUBJONCTIF

Présent
que je finisse
que tu finisses
qu' il finisse
que ns finissions
que vs finissiez
qu' ils finissent

Imparfait
que je finisse
que tu finisses
qu' il finît
que ns finissions
que vs finissiez
qu' ils finissent

Passé
que j' aie fini
que tu aies fini
qu' il ait fini
que ns ayons fini
que vs ayez fini
qu' ils aient fini

Plus-que-parfait
que j' eusse fini
que tu eusses fini
qu' il eût fini
que ns eussions fini
que vs eussiez fini
qu' ils eussent fini

CONDITIONNEL

Présent
je finirais
tu finirais
il finirait
ns finirions
vs finiriez
ils finiraient

Passé 1ʳᵉ forme
j' aurais fini
tu aurais fini
il aurait fini
ns aurions fini
vs auriez fini
ils auraient fini

Passé 2ᵉ forme
j' eusse fini
tu eusses fini
il eût fini
ns eussions fini
vs eussiez fini
ils eussent fini

IMPÉRATIF

Présent
finis   finissons   finissez

Passé
aie fini   ayons fini   ayez fini

INFINITIF

Présent
finir

Passé
avoir fini

PARTICIPE

Présent
finissant

Passé
fini, e

Passé composé
ayant fini

21 HAÏR — 2ᵉ groupe

INDICATIF

Présent
je hais
tu hais
il hait
ns haïssons
vs haïssez
ils haïssent

Passé composé
j' ai haï
tu as haï
il a haï
ns avons haï
vs avez haï
ils ont haï

Imparfait
je haïssais
tu haïssais
il haïssait
ns haïssions
vs haïssiez
ils haïssaient

Plus-que-parfait
j' avais haï
tu avais haï
il avait haï
ns avions haï
vs aviez haï
ils avaient haï

Passé simple
je hais
tu hais
il hait
ns haïmes
vs haïtes
ils haïrent

Passé antérieur
j' eus haï
tu eus haï
il eut haï
ns eûmes haï
vs eûtes haï
ils eurent haï

Futur simple
je haïrai
tu haïras
il haïra
ns haïrons
vs haïrez
ils haïront

Futur antérieur
j' aurai haï
tu auras haï
il aura haï
ns aurons haï
vs aurez haï
ils auront haï

SUBJONCTIF

Présent
que je haïsse
que tu haïsses
qu' il haïsse
que ns haïssions
que vs haïssiez
qu' ils haïssent

Imparfait
que je haïsse
que tu haïsses
qu' il hait
que ns haïssions
que vs haïssiez
qu' ils haïssent

Passé
que j' aie haï
que tu aies haï
qu' il ait haï
que ns ayons haï
que vs ayez haï
qu' ils aient haï

Plus-que-parfait
que j' eusse haï
que tu eusses haï
qu' il eût haï
que ns eussions haï
que vs eussiez haï
qu' ils eussent haï

CONDITIONNEL

Présent
je haïrais
tu haïrais
il haïrait
ns haïrions
vs haïriez
ils haïraient

Passé 1ʳᵉ forme
j' aurais haï
tu aurais haï
il aurait haï
ns aurions haï
vs auriez haï
ils auraient haï

Passé 2ᵉ forme
j' eusse haï
tu eusses haï
il eût haï
ns eussions haï
vs eussiez haï
ils eussent haï

IMPÉRATIF

Présent
hais   haïssons   haïssez

Passé
aie haï   ayons haï   ayez haï

INFINITIF

Présent
haïr

Passé
avoir haï

PARTICIPE

Présent
haïssant

Passé
haï, haïe

Passé composé
ayant haï

DORMIR

3e groupe — 22

INDICATIF

Présent
- je dors
- tu dors
- il dort
- ns dormons
- vs dormez
- ils dorment

Imparfait
- je dormais
- tu dormais
- il dormait
- ns dormions
- vs dormiez
- ils dormaient

Passé simple
- je dormis
- tu dormis
- il dormit
- ns dormîmes
- vs dormîtes
- ils dormirent

Futur simple
- je dormirai
- tu dormiras
- il dormira
- ns dormirons
- vs dormirez
- ils dormiront

Passé composé
- j' ai dormi
- tu as dormi
- il a dormi
- ns avons dormi
- vs avez dormi
- ils ont dormi

Plus-que-parfait
- j' avais dormi
- tu avais dormi
- il avait dormi
- ns avions dormi
- vs aviez dormi
- ils avaient dormi

Passé antérieur
- j' eus dormi
- tu eus dormi
- il eut dormi
- ns eûmes dormi
- vs eûtes dormi
- ils eurent dormi

Futur antérieur
- j' aurai dormi
- tu auras dormi
- il aura dormi
- ns aurons dormi
- vs aurez dormi
- ils auront dormi

SUBJONCTIF

Présent
- que je dorme
- que tu dormes
- qu' il dorme
- que ns dormions
- que vs dormiez
- qu' ils dorment

Imparfait
- que je dormisse
- que tu dormisses
- qu' il dormît
- que ns dormissions
- que vs dormissiez
- qu' ils dormissent

Passé
- que j' aie dormi
- que tu aies dormi
- qu' il ait dormi
- que ns ayons dormi
- que vs ayez dormi
- qu' ils aient dormi

Plus-que-parfait
- que j' eusse dormi
- que tu eusses dormi
- qu' il eût dormi
- que ns eussions dormi
- que vs eussiez dormi
- qu' ils eussent dormi

CONDITIONNEL

Présent
- je dormirais
- tu dormirais
- il dormirait
- ns dormirions
- vs dormiriez
- ils dormiraient

Passé 1re forme
- j' aurais dormi
- tu aurais dormi
- il aurait dormi
- ns aurions dormi
- vs auriez dormi
- ils auraient dormi

Passé 2e forme
- j' eusse dormi
- tu eusses dormi
- il eût dormi
- ns eussions dormi
- vs eussiez dormi
- ils eussent dormi

IMPÉRATIF

Présent
dors   dormons   dormez

Passé
aie dormi   ayons dormi   ayez dormi

INFINITIF

Présent
dormir

Passé
avoir dormi

PARTICIPE

Présent
dormant

Passé
dormi

Passé composé
ayant dormi

23 VÊTIR — 3e groupe

INDICATIF

Présent
- je vêts
- tu vêts
- il vêt
- ns vêtons
- vs vêtez
- ils vêtent

Passé composé
- j' ai vêtu
- tu as vêtu
- il a vêtu
- ns avons vêtu
- vs avez vêtu
- ils ont vêtu

Imparfait
- je vêtais
- tu vêtais
- il vêtait
- ns vêtions
- vs vêtiez
- ils vêtaient

Plus-que-parfait
- j' avais vêtu
- tu avais vêtu
- il avait vêtu
- ns avions vêtu
- vs aviez vêtu
- ils avaient vêtu

Passé simple
- je vêtis
- tu vêtis
- il vêtit
- ns vêtîmes
- vs vêtîtes
- ils vêtirent

Passé antérieur
- j' eus vêtu
- tu eus vêtu
- il eut vêtu
- ns eûmes vêtu
- vs eûtes vêtu
- ils eurent vêtu

Futur simple
- je vêtirai
- tu vêtiras
- il vêtira
- ns vêtirons
- vs vêtirez
- ils vêtiront

Futur antérieur
- j' aurai vêtu
- tu auras vêtu
- il aura vêtu
- ns aurons vêtu
- vs aurez vêtu
- ils auront vêtu

SUBJONCTIF

Présent
- que je vête
- que tu vêtes
- qu' il vête
- que ns vêtions
- que vs vêtiez
- qu' ils vêtent

Imparfait
- que je vêtisse
- que tu vêtisses
- qu' il vêtît
- que ns vêtissions
- que vs vêtissiez
- qu' ils vêtissent

Passé
- que j' aie vêtu
- que tu aies vêtu
- qu' il ait vêtu
- que ns ayons vêtu
- que vs ayez vêtu
- qu' ils aient vêtu

Plus-que-parfait
- que j' eusse vêtu
- que tu eusses vêtu
- qu' il eût vêtu
- que ns eussions vêtu
- que vs eussiez vêtu
- qu' ils eussent vêtu

CONDITIONNEL

Présent
- je vêtirais
- tu vêtirais
- il vêtirait
- ns vêtirions
- vs vêtiriez
- ils vêtiraient

Passé 1re forme
- j' aurais vêtu
- tu aurais vêtu
- il aurait vêtu
- ns aurions vêtu
- vs auriez vêtu
- ils auraient vêtu

Passé 2e forme
- j' eusse vêtu
- tu eusses vêtu
- il eût vêtu
- ns eussions vêtu
- vs eussiez vêtu
- ils eussent vêtu

IMPÉRATIF

Présent
- vêts
- vêtons
- vêtez

Passé
- aie vêtu
- ayons vêtu
- ayez vêtu

INFINITIF

Présent : vêtir
Passé : avoir vêtu

PARTICIPE

Présent : vêtant
Passé : vêtu, e
Passé composé : ayant vêtu

BOUILLIR

3e groupe — 24

INDICATIF

Présent
- je **bous**
- tu **bous**
- il **bout**
- ns bouillons
- vs bouillez
- ils bouillent

Imparfait
- je bouillais
- tu bouillais
- il bouillait
- ns bouillions
- vs bouilliez
- ils bouillaient

Passé simple
- je bouillis
- tu bouillis
- il bouillit
- ns bouillîmes
- vs bouillîtes
- ils bouillirent

Futur simple
- je bouillirai
- tu bouilliras
- il bouillira
- ns bouillirons
- vs bouillirez
- ils bouilliront

Passé composé
- j' ai bouilli
- tu as bouilli
- il a bouilli
- ns avons bouilli
- vs avez bouilli
- ils ont bouilli

Plus-que-parfait
- j' avais bouilli
- tu avais bouilli
- il avait bouilli
- ns avions bouilli
- vs aviez bouilli
- ils avaient bouilli

Passé antérieur
- j' eus bouilli
- tu eus bouilli
- il eut bouilli
- ns eûmes bouilli
- vs eûtes bouilli
- ils eurent bouilli

Futur antérieur
- j' aurai bouilli
- tu auras bouilli
- il aura bouilli
- ns aurons bouilli
- vs aurez bouilli
- ils auront bouilli

SUBJONCTIF

Présent
- que je bouille
- que tu bouilles
- qu' il bouille
- que ns bouillions
- que vs bouilliez
- qu' ils bouillent

Imparfait
- que je bouillisse
- que tu bouillisses
- qu' il bouillît
- que ns bouillissions
- que vs bouillissiez
- qu' ils bouillissent

Passé
- que j' aie bouilli
- que tu aies bouilli
- qu' il ait bouilli
- que ns ayons bouilli
- que vs ayez bouilli
- qu' ils aient bouilli

Plus-que-parfait
- que j' eusse bouilli
- que tu eusses bouilli
- qu' il eût bouilli
- que ns eussions bouilli
- que vs eussiez bouilli
- qu' ils eussent bouilli

CONDITIONNEL

Présent
- je bouillirais
- tu bouillirais
- il bouillirait
- ns bouillirions
- vs bouilliriez
- ils bouilliraient

Passé 1re forme
- j' aurais bouilli
- tu aurais bouilli
- il aurait bouilli
- ns aurions bouilli
- vs auriez bouilli
- ils auraient bouilli

Passé 2e forme
- j' eusse bouilli
- tu eusses bouilli
- il eût bouilli
- ns eussions bouilli
- vs eussiez bouilli
- ils eussent bouilli

IMPÉRATIF

Présent
bous   bouillons   bouillez

Passé
aie bouilli   ayons bouilli   ayez bouilli

INFINITIF

Présent
bouillir

Passé
avoir bouilli

PARTICIPE

Présent
bouillant

Passé
bouilli, e

Passé composé
ayant bouilli

25 COURIR — 3e groupe

INDICATIF

Présent
- je cours
- tu cours
- il court
- ns courons
- vs courez
- ils courent

Passé composé
- j' ai couru
- tu as couru
- il a couru
- ns avons couru
- vs avez couru
- ils ont couru

Imparfait
- je courais
- tu courais
- il courait
- ns courions
- vs couriez
- ils couraient

Plus-que-parfait
- j' avais couru
- tu avais couru
- il avait couru
- ns avions couru
- vs aviez couru
- ils avaient couru

Passé simple
- je courus
- tu courus
- il courut
- ns courûmes
- vs courûtes
- ils coururent

Passé antérieur
- j' eus couru
- tu eus couru
- il eut couru
- ns eûmes couru
- vs eûtes couru
- ils eurent couru

Futur simple
- je courrai
- tu courras
- il courra
- ns courrons
- vs courrez
- ils courront

Futur antérieur
- j' aurai couru
- tu auras couru
- il aura couru
- ns aurons couru
- vs aurez couru
- ils auront couru

SUBJONCTIF

Présent
- que je coure
- que tu coures
- qu' il coure
- que ns courions
- que vs couriez
- qu' ils courent

Imparfait
- que je courusse
- que tu courusses
- qu' il courût
- que ns courussions
- que vs courussiez
- qu' ils courussent

Passé
- que j' aie couru
- que tu aies couru
- qu' il ait couru
- que ns ayons couru
- que vs ayez couru
- qu' ils aient couru

Plus-que-parfait
- que j' eusse couru
- que tu eusses couru
- qu' il eût couru
- que ns eussions couru
- que vs eussiez couru
- qu' ils eussent couru

CONDITIONNEL

Présent
- je courrais
- tu courrais
- il courrait
- ns courrions
- vs courriez
- ils courraient

Passé 1re forme
- j' aurais couru
- tu aurais couru
- il aurait couru
- ns aurions couru
- vs auriez couru
- ils auraient couru

Passé 2e forme
- j' eusse couru
- tu eusses couru
- il eût couru
- ns eussions couru
- vs eussiez couru
- ils eussent couru

IMPÉRATIF

Présent
cours   courons   courez

Passé
aie couru   ayons couru   ayez couru

INFINITIF

Présent
courir

Passé
avoir couru

PARTICIPE

Présent
courant

Passé
couru, e

Passé composé
ayant couru

3ᵉ groupe — MOURIR — 26

INDICATIF

Présent
je meurs
tu meurs
il meurt
ns mourons
vs mourez
ils meurent

Imparfait
je mourais
tu mourais
il mourait
ns mourions
vs mouriez
ils mouraient

Passé simple
je mourus
tu mourus
il mourut
ns mourûmes
vs mourûtes
ils moururent

Futur simple
je mourrai
tu mourras
il mourra
ns mourrons
vs mourrez
ils mourront

Passé composé
je suis mort
tu es mort
il est mort
ns sommes morts
vs êtes morts
ils sont morts

Plus-que-parfait
j étais mort
tu étais mort
il était mort
ns étions morts
vs étiez morts
ils étaient morts

Passé antérieur
je fus mort
tu fus mort
il fut mort
ns fûmes morts
vs fûtes morts
ils furent morts

Futur antérieur
je serai mort
tu seras mort
il sera mort
ns serons morts
vs serez morts
ils seront morts

SUBJONCTIF

Présent
que je meure
que tu meures
qu il meure
que ns mourions
que vs mouriez
qu ils meurent

Imparfait
que je mourusse
que tu mourusses
qu il mourût
que ns mourussions
que vs mourussiez
qu ils mourussent

Passé
que je sois mort
que tu sois mort
qu il soit mort
que ns soyons morts
que vs soyez morts
qu ils soient morts

Plus-que-parfait
que je fusse mort
que tu fusses mort
qu il fût mort
que ns fussions morts
que vs fussiez morts
qu ils fussent morts

CONDITIONNEL

Présent
je mourrais
tu mourrais
il mourrait
ns mourrions
vs mourriez
ils mourraient

Passé 1ʳᵉ forme
je serais mort
tu serais mort
il serait mort
ns serions morts
vs seriez morts
ils seraient morts

Passé 2ᵉ forme
je fusse mort
tu fusses mort
il fût mort
ns fussions morts
vs fussiez morts
ils fussent morts

IMPÉRATIF

Présent
meurs   mourons   mourez

Passé
sois mort   soyons morts   soyez morts

INFINITIF

Présent
mourir

Passé
être mort

PARTICIPE

Présent
mourant

Passé
mort, te

Passé composé
étant mort

27 VENIR — 3ᵉ groupe

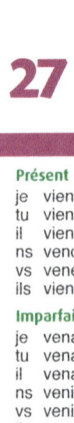

INDICATIF

Présent
je viens
tu viens
il vient
ns venons
vs venez
ils viennent

Passé composé
je suis venu
tu es venu
il est venu
ns sommes venus
vs êtes venus
ils sont venus

Imparfait
je venais
tu venais
il venait
ns venions
vs veniez
ils venaient

Plus-que-parfait
j étais venu
tu étais venu
il était venu
ns étions venus
vs étiez venus
ils étaient venus

Passé simple
je vins
tu vins
il vint
ns vînmes
vs vîntes
ils vinrent

Passé antérieur
je fus venu
tu fus venu
il fut venu
ns fûmes venus
vs fûtes venus
ils furent venus

Futur simple
je viendrai
tu viendras
il viendra
ns viendrons
vs viendrez
ils viendront

Futur antérieur
je serai venu
tu seras venu
il sera venu
ns serons venus
vs serez venus
ils seront venus

SUBJONCTIF

Présent
que je vienne
que tu viennes
qu il vienne
que ns venions
que vs veniez
qu ils viennent

Imparfait
que je vinsse
que tu vinsses
qu il vînt
que ns vinssions
que vs vinssiez
qu ils vinssent

Passé
que je sois venu
que tu sois venu
qu il soit venu
que ns soyons venus
que vs soyez venus
qu ils soient venus

Plus-que-parfait
que je fusse venu
que tu fusses venu
qu il fût venu
que ns fussions venus
que vs fussiez venus
qu ils fussent venus

CONDITIONNEL

Présent
je viendrais
tu viendrais
il viendrait
ns viendrions
vs viendriez
ils viendraient

Passé 1ʳᵉ forme
je serais venu
tu serais venu
il serait venu
ns serions venus
vs seriez venus
ils seraient venus

Passé 2ᵉ forme
je fusse venu
tu fusses venu
il fût venu
ns fussions venus
vs fussiez venus
ils fussent venus

IMPÉRATIF

Présent
viens   venons   venez

Passé
sois venu   soyons venus   soyez venus

INFINITIF

Présent
venir

Passé
être venu

PARTICIPE

Présent
venant

Passé
venu, e

Passé composé
étant venu

ACQUÉRIR

3e groupe — 28

INDICATIF

Présent
j' acquiers
tu acquiers
il acquiert
ns acquérons
vs acquérez
ils acquièrent

Imparfait
j' acquérais
tu acquérais
il acquérait
ns acquérions
vs acquériez
ils acquéraient

Passé simple
j' acquis
tu acquis
il acquit
ns acquîmes
vs acquîtes
ils acquirent

Futur simple
j' acquerrai
tu acquerras
il acquerra
ns acquerrons
vs acquerrez
ils acquerront

Passé composé
j' ai acquis
tu as acquis
il a acquis
ns avons acquis
vs avez acquis
ils ont acquis

Plus-que-parfait
j' avais acquis
tu avais acquis
il avait acquis
ns avions acquis
vs aviez acquis
ils avaient acquis

Passé antérieur
j' eus acquis
tu eus acquis
il eut acquis
ns eûmes acquis
vs eûtes acquis
ils eurent acquis

Futur antérieur
j' aurai acquis
tu auras acquis
il aura acquis
ns aurons acquis
vs aurez acquis
ils auront acquis

SUBJONCTIF

Présent
que j' acquière
que tu acquières
qu' il acquière
que ns acquérions
que vs acquériez
qu' ils acquièrent

Imparfait
que j' acquisse
que tu acquisses
qu' il acquît
que ns acquissions
que vs acquissiez
qu' ils acquissent

Passé
que j' aie acquis
que tu aies acquis
qu' il ait acquis
que ns ayons acquis
que vs ayez acquis
qu' ils aient acquis

Plus-que-parfait
que j' eusse acquis
que tu eusses acquis
qu' il eût acquis
que ns eussions acquis
que vs eussiez acquis
qu' ils eussent acquis

CONDITIONNEL

Présent
j' acquerrais
tu acquerrais
il acquerrait
ns acquerrions
vs acquerriez
ils acquerraient

Passé 1re forme
j' aurais acquis
tu aurais acquis
il aurait acquis
ns aurions acquis
vs auriez acquis
ils auraient acquis

Passé 2e forme
j' eusse acquis
tu eusses acquis
il eût acquis
ns eussions acquis
vs eussiez acquis
ils eussent acquis

IMPÉRATIF

Présent
acquiers   acquérons   acquérez

Passé
aie acquis   ayons acquis   ayez acquis

INFINITIF

Présent
acquérir

Passé
avoir acquis

PARTICIPE

Présent
acquérant

Passé
acquis, se

Passé composé
ayant acquis

29 OFFRIR — 3ᵉ groupe

INDICATIF

Présent
j' offre
tu offres
il offre
ns offrons
vs offrez
ils offrent

Imparfait
j' offrais
tu offrais
il offrait
ns offrions
vs offriez
ils offraient

Passé simple
j' offris
tu offris
il offrit
ns offrîmes
vs offrîtes
ils offrirent

Futur simple
j' offrirai
tu offriras
il offrira
ns offrirons
vs offrirez
ils offriront

Passé composé
j' ai offert
tu as offert
il a offert
ns avons offert
vs avez offert
ils ont offert

Plus-que-parfait
j' avais offert
tu avais offert
il avait offert
ns avions offert
vs aviez offert
ils avaient offert

Passé antérieur
j' eus offert
tu eus offert
il eut offert
ns eûmes offert
vs eûtes offert
ils eurent offert

Futur antérieur
j' aurai offert
tu auras offert
il aura offert
ns aurons offert
vs aurez offert
ils auront offert

SUBJONCTIF

Présent
que j' offre
que tu offres
qu' il offre
que ns offrions
que vs offriez
qu' ils offrent

Imparfait
que j' offrisse
que tu offrisses
qu' il offrît
que ns offrissions
que vs offrissiez
qu' ils offrissent

Passé
que j' aie offert
que tu aies offert
qu' il ait offert
que ns ayons offert
que vs ayez offert
qu' ils aient offert

Plus-que-parfait
que j' eusse offert
que tu eusses offert
qu' il eût offert
que ns eussions offert
que vs eussiez offert
qu' ils eussent offert

CONDITIONNEL

Présent
j' offrirais
tu offrirais
il offrirait
ns offririons
vs offririez
ils offriraient

Passé 1ʳᵉ forme
j' aurais offert
tu aurais offert
il aurait offert
ns aurions offert
vs auriez offert
ils auraient offert

Passé 2ᵉ forme
j' eusse offert
tu eusses offert
il eût offert
ns eussions offert
vs eussiez offert
ils eussent offert

IMPÉRATIF

Présent
offre   offrons   offrez

Passé
aie offert   ayons offert   ayez offert

INFINITIF

Présent
offrir

Passé
avoir offert

PARTICIPE

Présent
offrant

Passé
offert, te

Passé composé
ayant offert

3ᵉ groupe — CUEILLIR

INDICATIF

Présent
- je cueille
- tu cueilles
- il cueille
- ns cueillons
- vs cueillez
- ils cueillent

Passé composé
- j' ai cueilli
- tu as cueilli
- il a cueilli
- ns avons cueilli
- vs avez cueilli
- ils ont cueilli

Imparfait
- je cueillais
- tu cueillais
- il cueillait
- ns cueillions
- vs cueilliez
- ils cueillaient

Plus-que-parfait
- j' avais cueilli
- tu avais cueilli
- il avait cueilli
- ns avions cueilli
- vs aviez cueilli
- ils avaient cueilli

Passé simple
- je cueillis
- tu cueillis
- il cueillit
- ns cueillîmes
- vs cueillîtes
- ils cueillirent

Passé antérieur
- j' eus cueilli
- tu eus cueilli
- il eut cueilli
- ns eûmes cueilli
- vs eûtes cueilli
- ils eurent cueilli

Futur simple
- je cueillerai
- tu cueilleras
- il cueillera
- ns cueillerons
- vs cueillerez
- ils cueilleront

Futur antérieur
- j' aurai cueilli
- tu auras cueilli
- il aura cueilli
- ns aurons cueilli
- vs aurez cueilli
- ils auront cueilli

SUBJONCTIF

Présent
- que je cueille
- que tu cueilles
- qu' il cueille
- que ns cueillions
- que vs cueilliez
- qu' ils cueillent

Imparfait
- que je cueillisse
- que tu cueillisses
- qu' il cueillît
- que ns cueillissions
- que vs cueillissiez
- qu' ils cueillissent

Passé
- que j' aie cueilli
- que tu aies cueilli
- qu' il ait cueilli
- que ns ayons cueilli
- que vs ayez cueilli
- qu' ils aient cueilli

Plus-que-parfait
- que j' eusse cueilli
- que tu eusses cueilli
- qu' il eût cueilli
- que ns eussions cueilli
- que vs eussiez cueilli
- qu' ils eussent cueilli

CONDITIONNEL

Présent
- je cueillerais
- tu cueillerais
- il cueillerait
- ns cueillerions
- vs cueilleriez
- ils cueilleraient

Passé 1ʳᵉ forme
- j' aurais cueilli
- tu aurais cueilli
- il aurait cueilli
- ns aurions cueilli
- vs auriez cueilli
- ils auraient cueilli

Passé 2ᵉ forme
- j' eusse cueilli
- tu eusses cueilli
- il eût cueilli
- ns eussions cueilli
- vs eussiez cueilli
- ils eussent cueilli

IMPÉRATIF

Présent
cueille   cueillons   cueillez

Passé
aie cueilli   ayons cueilli   ayez cueilli

INFINITIF

Présent
cueillir

Passé
avoir cueilli

PARTICIPE

Présent
cueillant

Passé
cueilli, e

Passé composé
ayant cueilli

31 ASSAILLIR — 3ᵉ groupe

INDICATIF

Présent
j' assaille
tu assailles
il assaille
ns assaillons
vs assaillez
ils assaillent

Imparfait
j' assaillais
tu assaillais
il assaillait
ns assaillions
vs assailliez
ils assaillaient

Passé simple
j' assaillis
tu assaillis
il assaillit
ns assaillîmes
vs assaillîtes
ils assaillirent

Futur simple
j' assaillirai
tu assailliras
il assaillira
ns assaillirons
vs assaillirez
ils assailliront

Passé composé
j' ai assailli
tu as assailli
il a assailli
ns avons assailli
vs avez assailli
ils ont assailli

Plus-que-parfait
j' avais assailli
tu avais assailli
il avait assailli
ns avions assailli
vs aviez assailli
ils avaient assailli

Passé antérieur
j' eus assailli
tu eus assailli
il eut assailli
ns eûmes assailli
vs eûtes assailli
ils eurent assailli

Futur antérieur
j' aurai assailli
tu auras assailli
il aura assailli
ns aurons assailli
vs aurez assailli
ils auront assailli

SUBJONCTIF

Présent
que j' assaille
que tu assailles
qu' il assaille
que ns assaillions
que vs assailliez
qu' ils assaillent

Imparfait
que j' assaillisse
que tu assaillisses
qu' il assaillît
que ns assaillissions
que vs assaillissiez
qu' ils assaillissent

Passé
que j' aie assailli
que tu aies assailli
qu' il ait assailli
que ns ayons assailli
que vs ayez assailli
qu' ils aient assailli

Plus-que-parfait
que j' eusse assailli
que tu eusses assailli
qu' il eût assailli
que ns eussions assailli
que vs eussiez assailli
qu' ils eussent assailli

CONDITIONNEL

Présent
j' assaillirais
tu assaillirais
il assaillirait
ns assaillirions
vs assailliriez
ils assailliraient

Passé 1ʳᵉ forme
j' aurais assailli
tu aurais assailli
il aurait assailli
ns aurions assailli
vs auriez assailli
ils auraient assailli

Passé 2ᵉ forme
j' eusse assailli
tu eusses assailli
il eût assailli
ns eussions assailli
vs eussiez assailli
ils eussent assailli

IMPÉRATIF

Présent
assaille   assaillons   assaillez

Passé
aie assailli   ayons assailli   ayez assailli

INFINITIF

Présent
assaillir

Passé
avoir assailli

PARTICIPE

Présent
assaillant

Passé
assailli, e

Passé composé
ayant assailli

FAILLIR

3ᵉ groupe — **32**

INDICATIF

Présent
je faillis
tu faillis
il faillit
ns faillissons
vs faillissez
ils faillissent

Imparfait
je faillissais
tu faillissais
il faillissait
ns faillissions
vs faillissiez
ils faillissaient

Passé simple
je faillis
tu faillis
il faillit
ns faillîmes
vs faillîtes
ils faillirent

Futur simple
je faillirai
tu failliras
il faillira
ns faillirons
vs faillirez
ils failliront

Passé composé
j' ai failli
tu as failli
il a failli
ns avons failli
vs avez failli
ils ont failli

Plus-que-parfait
j' avais failli
tu avais failli
il avait failli
ns avions failli
vs aviez failli
ils avaient failli

Passé antérieur
j' eus failli
tu eus failli
il eut failli
ns eûmes failli
vs eûtes failli
ils eurent failli

Futur antérieur
j' aurai failli
tu auras failli
il aura failli
ns aurons failli
vs aurez failli
ils auront failli

SUBJONCTIF

Présent
que je faillisse
que tu faillisses
qu' il faillisse
que ns faillissions
que vs faillissiez
qu' ils faillissent

Imparfait
que je faillisse
que tu faillisses
qu' il faillît
que ns faillissions
que vs faillissiez
qu' ils faillissent

Passé
que j' aie failli
que tu aies failli
qu' il ait failli
que ns ayons failli
que vs ayez failli
qu' ils aient failli

Plus-que-parfait
que j' eusse failli
que tu eusses failli
qu' il eût failli
que ns eussions failli
que vs eussiez failli
qu' ils eussent failli

CONDITIONNEL

Présent
je faillirais
tu faillirais
il faillirait
ns faillirions
vs failliriez
ils failliraient

Passé 1ʳᵉ forme
j' aurais failli
tu aurais failli
il aurait failli
ns aurions failli
vs auriez failli
ils auraient failli

Passé 2ᵉ forme
j' eusse failli
tu eusses failli
il eût failli
ns eussions failli
vs eussiez failli
ils eussent failli

IMPÉRATIF

Présent
faillis   faillissons   faillissez

Passé
aie failli   ayons failli   ayez failli

INFINITIF

Présent
faillir

Passé
avoir failli

PARTICIPE

Présent
faillissant

Passé
failli

Passé composé
ayant failli

33 FUIR — 3ᵉ groupe

INDICATIF

Présent
je fuis
tu fuis
il fuit
ns fuyons
vs fuyez
ils fuient

Passé composé
j' ai fui
tu as fui
il a fui
ns avons fui
vs avez fui
ils ont fui

Imparfait
je fuyais
tu fuyais
il fuyait
ns fuyions
vs fuyiez
ils fuyaient

Plus-que-parfait
j' avais fui
tu avais fui
il avait fui
ns avions fui
vs aviez fui
ils avaient fui

Passé simple
je fuis
tu fuis
il fuit
ns fuîmes
vs fuîtes
ils fuirent

Passé antérieur
j' eus fui
tu eus fui
il eut fui
ns eûmes fui
vs eûtes fui
ils eurent fui

Futur simple
je fuirai
tu fuiras
il fuira
ns fuirons
vs fuirez
ils fuiront

Futur antérieur
j' aurai fui
tu auras fui
il aura fui
ns aurons fui
vs aurez fui
ils auront fui

SUBJONCTIF

Présent
que je fuie
que tu fuies
qu' il fuie
que ns fuyions
que vs fuyiez
qu' ils fuient

Imparfait
que je fuisse
que tu fuisses
qu' il fuît
que ns fuissions
que vs fuissiez
qu' ils fuissent

Passé
que j' aie fui
que tu aies fui
qu' il ait fui
que ns ayons fui
que vs ayez fui
qu' ils aient fui

Plus-que-parfait
que j' eusse fui
que tu eusses fui
qu' il eût fui
que ns eussions fui
que vs eussiez fui
qu' ils eussent fui

CONDITIONNEL

Présent
je fuirais
tu fuirais
il fuirait
ns fuirions
vs fuiriez
ils fuiraient

Passé 1ʳᵉ forme
j' aurais fui
tu aurais fui
il aurait fui
ns aurions fui
vs auriez fui
ils auraient fui

Passé 2ᵉ forme
j' eusse fui
tu eusses fui
il eût fui
ns eussions fui
vs eussiez fui
ils eussent fui

IMPÉRATIF

Présent
fuis   fuyons   fuyez

Passé
aie fui   ayons fui   ayez fui

INFINITIF

Présent
fuir

Passé
avoir fui

PARTICIPE

Présent
fuyant

Passé
fui, e

Passé composé
ayant fui

3ᵉ groupe — GÉSIR — 34

INDICATIF

Présent
je gis
tu gis
il gît
ns gisons
vs gisez
ils gisent

Passé composé
inusité

Imparfait
je gisais
tu gisais
il gisait
ns gisions
vs gisiez
ils gisaient

Plus-que-parfait
inusité

Passé simple
inusité

Passé antérieur
inusité

Futur simple
inusité

Futur antérieur
inusité

SUBJONCTIF

inusité

CONDITIONNEL

inusité

IMPÉRATIF

inusité

INFINITIF

Présent
gésir

Passé
inusité

PARTICIPE

Présent
gisant

Passé
inusité

Passé composé
inusité

35 OUÏR — 3e groupe

INDICATIF

Présent
- j' ois
- tu ois
- il oit
- ns oyons
- vs oyez
- ils oient

Passé composé
- j' ai ouï
- tu as ouï
- il a ouï
- ns avons ouï
- vs avez ouï
- ils ont ouï

Imparfait
- j' oyais
- tu oyais
- il oyait
- ns oyions
- vs oyiez
- ils oyaient

Plus-que-parfait
- j' avais ouï
- tu avais ouï
- il avait ouï
- ns avions ouï
- vs aviez ouï
- ils avaient ouï

Passé simple
- j' ouïs
- tu ouïs
- il ouït
- ns ouïmes
- vs ouïtes
- ils ouïrent

Passé antérieur
- j' eus ouï
- tu eus ouï
- il eut ouï
- ns eûmes ouï
- vs eûtes ouï
- ils eurent ouï

Futur simple
- j' ouïrai
- tu ouïras
- il ouïra
- ns ouïrons
- vs ouïrez
- ils ouïront

Futur antérieur
- j' aurai ouï
- tu auras ouï
- il aura ouï
- ns aurons ouï
- vs aurez ouï
- ils auront ouï

SUBJONCTIF

Présent
- que j' oie
- que tu oies
- qu' il oie
- que ns oyions
- que vs oyiez
- qu' ils oient

Imparfait
- que j' ouïsse
- que tu ouïsses
- qu' il ouït
- que ns ouïssions
- que vs ouïssiez
- qu' ils ouïssent

Passé
- que j' aie ouï
- que tu aies ouï
- qu' il ait ouï
- que ns ayons ouï
- que vs ayez ouï
- qu' ils aient ouï

Plus-que-parfait
- que j' eusse ouï
- que tu eusses ouï
- qu' il eût ouï
- que ns eussions ouï
- que vs eussiez ouï
- qu' ils eussent ouï

CONDITIONNEL

Présent
- j' ouïrais
- tu ouïrais
- il ouïrait
- ns ouïrions
- vs ouïriez
- ils ouïraient

Passé 1re forme
- j' aurais ouï
- tu aurais ouï
- il aurait ouï
- ns aurions ouï
- vs auriez ouï
- ils auraient ouï

Passé 2e forme
- j' eusse ouï
- tu eusses ouï
- il eût ouï
- ns eussions ouï
- vs eussiez ouï
- ils eussent ouï

IMPÉRATIF

Présent
ois   oyons   oyez

Passé
aie ouï   ayons ouï   ayez ouï

INFINITIF

Présent
ouïr

Passé
avoir ouï

PARTICIPE

Présent
oyant

Passé
ouï, ouïe

Passé composé
ayant ouï

3e groupe — RECEVOIR — 36

INDICATIF

Présent
je reçois
tu reçois
il reçoit
ns recevons
vs recevez
ils reçoivent

Passé composé
j' ai reçu
tu as reçu
il a reçu
ns avons reçu
vs avez reçu
ils ont reçu

Imparfait
je recevais
tu recevais
il recevait
ns recevions
vs receviez
ils recevaient

Plus-que-parfait
j' avais reçu
tu avais reçu
il avait reçu
ns avions reçu
vs aviez reçu
ils avaient reçu

Passé simple
je reçus
tu reçus
il reçut
ns reçûmes
vs reçûtes
ils reçurent

Passé antérieur
j' eus reçu
tu eus reçu
il eut reçu
ns eûmes reçu
vs eûtes reçu
ils eurent reçu

Futur simple
je recevrai
tu recevras
il recevra
ns recevrons
vs recevrez
ils recevront

Futur antérieur
j' aurai reçu
tu auras reçu
il aura reçu
ns aurons reçu
vs aurez reçu
ils auront reçu

SUBJONCTIF

Présent
que je reçoive
que tu reçoives
qu' il reçoive
que ns recevions
que vs receviez
qu' ils reçoivent

Imparfait
que je reçusse
que tu reçusses
qu' il reçût
que ns reçussions
que vs reçussiez
qu' ils reçussent

Passé
que j' aie reçu
que tu aies reçu
qu' il ait reçu
que ns ayons reçu
que vs ayez reçu
qu' ils aient reçu

Plus-que-parfait
que j' eusse reçu
que tu eusses reçu
qu' il eût reçu
que ns eussions reçu
que vs eussiez reçu
qu' ils eussent reçu

CONDITIONNEL

Présent
je recevrais
tu recevrais
il recevrait
ns recevrions
vs recevriez
ils recevraient

Passé 1re forme
j' aurais reçu
tu aurais reçu
il aurait reçu
ns aurions reçu
vs auriez reçu
ils auraient reçu

Passé 2e forme
j' eusse reçu
tu eusses reçu
il eût reçu
ns eussions reçu
vs eussiez reçu
ils eussent reçu

IMPÉRATIF

Présent
reçois   recevons   recevez

Passé
aie reçu   ayons reçu   ayez reçu

INFINITIF

Présent
recevoir

Passé
avoir reçu

PARTICIPE

Présent
recevant

Passé
reçu, e

Passé composé
ayant reçu

37 VOIR — 3ᵉ groupe

INDICATIF

Présent
- je vois
- tu vois
- il voit
- ns voyons
- vs voyez
- ils voient

Passé composé
- j' ai vu
- tu as vu
- il a vu
- ns avons vu
- vs avez vu
- ils ont vu

Imparfait
- je voyais
- tu voyais
- il voyait
- ns voyions
- vs voyiez
- ils voyaient

Plus-que-parfait
- j' avais vu
- tu avais vu
- il avait vu
- ns avions vu
- vs aviez vu
- ils avaient vu

Passé simple
- je vis
- tu vis
- il vit
- ns vîmes
- vs vîtes
- ils virent

Passé antérieur
- j' eus vu
- tu eus vu
- il eut vu
- ns eûmes vu
- vs eûtes vu
- ils eurent vu

Futur simple
- je verrai
- tu verras
- il verra
- ns verrons
- vs verrez
- ils verront

Futur antérieur
- j' aurai vu
- tu auras vu
- il aura vu
- ns aurons vu
- vs aurez vu
- ils auront vu

SUBJONCTIF

Présent
- que je voie
- que tu voies
- qu' il voie
- que ns voyions
- que vs voyiez
- qu' ils voient

Imparfait
- que je visse
- que tu visses
- qu' il vît
- que ns vissions
- que vs vissiez
- qu' ils vissent

Passé
- que j' aie vu
- que tu aies vu
- qu' il ait vu
- que ns ayons vu
- que vs ayez vu
- qu' ils aient vu

Plus-que-parfait
- que j' eusse vu
- que tu eusses vu
- qu' il eût vu
- que ns eussions vu
- que vs eussiez vu
- qu' ils eussent vu

CONDITIONNEL

Présent
- je verrais
- tu verrais
- il verrait
- ns verrions
- vs verriez
- ils verraient

Passé 1ʳᵉ forme
- j' aurais vu
- tu aurais vu
- il aurait vu
- ns aurions vu
- vs auriez vu
- ils auraient vu

Passé 2ᵉ forme
- j' eusse vu
- tu eusses vu
- il eût vu
- ns eussions vu
- vs eussiez vu
- ils eussent vu

IMPÉRATIF

Présent
- vois
- voyons
- voyez

Passé
- aie vu
- ayons vu
- ayez vu

INFINITIF

Présent : voir

Passé : avoir vu

PARTICIPE

Présent : voyant

Passé : vu, e

Passé composé : ayant vu

3ᵉ groupe — PRÉVOIR — 38

INDICATIF

Présent
je prévois
tu prévois
il prévoit
ns prévoyons
vs prévoyez
ils prévoient

Passé composé
j' ai prévu
tu as prévu
il a prévu
ns avons prévu
vs avez prévu
ils ont prévu

Imparfait
je prévoyais
tu prévoyais
il prévoyait
ns prévoyions
vs prévoyiez
ils prévoyaient

Plus-que-parfait
j' avais prévu
tu avais prévu
il avait prévu
ns avions prévu
vs aviez prévu
ils avaient prévu

Passé simple
je prévis
tu prévis
il prévit
ns prévîmes
vs prévîtes
ils prévirent

Passé antérieur
j' eus prévu
tu eus prévu
il eut prévu
ns eûmes prévu
vs eûtes prévu
ils eurent prévu

Futur simple
je prévoirai
tu prévoiras
il prévoira
ns prévoirons
vs prévoirez
ils prévoiront

Futur antérieur
j' aurai prévu
tu auras prévu
il aura prévu
ns aurons prévu
vs aurez prévu
ils auront prévu

SUBJONCTIF

Présent
que je prévoie
que tu prévoies
qu' il prévoie
que ns prévoyions
que vs prévoyiez
qu' ils prévoient

Imparfait
que je prévisse
que tu prévisses
qu' il prévît
que ns prévissions
que vs prévissiez
qu' ils prévissent

Passé
que j' aie prévu
que tu aies prévu
qu' il ait prévu
que ns ayons prévu
que vs ayez prévu
qu' ils aient prévu

Plus-que-parfait
que j' eusse prévu
que tu eusses prévu
qu' il eût prévu
que ns eussions prévu
que vs eussiez prévu
qu' ils eussent prévu

CONDITIONNEL

Présent
je prévoirais
tu prévoirais
il prévoirait
ns prévoirions
vs prévoiriez
ils prévoiraient

Passé 1ʳᵉ forme
j' aurais prévu
tu aurais prévu
il aurait prévu
ns aurions prévu
vs auriez prévu
ils auraient prévu

Passé 2ᵉ forme
j' eusse prévu
tu eusses prévu
il eût prévu
ns eussions prévu
vs eussiez prévu
ils eussent prévu

IMPÉRATIF

Présent
prévois   prévoyons   prévoyez

Passé
aie prévu   ayons prévu   ayez prévu

INFINITIF

Présent
prévoir

Passé
avoir prévu

PARTICIPE

Présent
prévoyant

Passé
prévu, e

Passé composé
ayant prévu

39 POURVOIR — 3ᵉ groupe

INDICATIF

Présent
je pourvois
tu pourvois
il pourvoit
ns pourvoyons
vs pourvoyez
ils pourvoient

Imparfait
je pourvoyais
tu pourvoyais
il pourvoyait
ns pourvoyions
vs pourvoyiez
ils pourvoyaient

Passé simple
je pourvus
tu pourvus
il pourvut
ns pourvûmes
vs pourvûtes
ils pourvurent

Futur simple
je pourvoirai
tu pourvoiras
il pourvoira
ns pourvoirons
vs pourvoirez
ils pourvoiront

Passé composé
j' ai pourvu
tu as pourvu
il a pourvu
ns avons pourvu
vs avez pourvu
ils ont pourvu

Plus-que-parfait
j' avais pourvu
tu avais pourvu
il avait pourvu
ns avions pourvu
vs aviez pourvu
ils avaient pourvu

Passé antérieur
j' eus pourvu
tu eus pourvu
il eut pourvu
ns eûmes pourvu
vs eûtes pourvu
ils eurent pourvu

Futur antérieur
j' aurai pourvu
tu auras pourvu
il aura pourvu
ns aurons pourvu
vs aurez pourvu
ils auront pourvu

SUBJONCTIF

Présent
que je pourvoie
que tu pourvoies
qu' il pourvoie
que ns pourvoyions
que vs pourvoyiez
qu' ils pourvoient

Imparfait
que je pourvusse
que tu pourvusses
qu' il pourvût
que ns pourvussions
que vs pourvussiez
qu' ils pourvussent

Passé
que j' aie pourvu
que tu aies pourvu
qu' il ait pourvu
que ns ayons pourvu
que vs ayez pourvu
qu' ils aient pourvu

Plus-que-parfait
que j' eusse pourvu
que tu eusses pourvu
qu' il eût pourvu
que ns eussions pourvu
que vs eussiez pourvu
qu' ils eussent pourvu

CONDITIONNEL

Présent
je pourvoirais
tu pourvoirais
il pourvoirait
ns pourvoirions
vs pourvoiriez
ils pourvoiraient

Passé 1ʳᵉ forme
j' aurais pourvu
tu aurais pourvu
il aurait pourvu
ns aurions pourvu
vs auriez pourvu
ils auraient pourvu

Passé 2ᵉ forme
j' eusse pourvu
tu eusses pourvu
il eût pourvu
ns eussions pourvu
vs eussiez pourvu
ils eussent pourvu

IMPÉRATIF

Présent
pourvois   pourvoyons   pourvoyez

Passé
aie pourvu   ayons pourvu   ayez pourvu

INFINITIF

Présent
pourvoir

Passé
avoir pourvu

PARTICIPE

Présent
pourvoyant

Passé
pourvu, e

Passé composé
ayant pourvu

3e groupe — ASSEOIR — 40

INDICATIF

Présent — ou
j'	assieds	assois
tu	assieds	assois
il	assied	assoit
ns	asseyons	assoyons
vs	asseyez	assoyez
ils	asseyent	assoient

Imparfait — ou
j'	asseyais	assoyais
tu	asseyais	assoyais
il	asseyait	assoyait
ns	asseyions	assoyions
vs	asseyiez	assoyiez
ils	asseyaient	assoyaient

Passé simple
j'	assis
tu	assis
il	assit
ns	assîmes
vs	assîtes
ils	assirent

Futur simple — ou
j'	assiérai	assoirai
tu	assiéras	assoiras
il	assiéra	assoira
ns	assiérons	assoirons
vs	assiérez	assoirez
ils	assiéront	assoiront

Passé composé
j'	ai	assis
tu	as	assis
il	a	assis
ns	avons	assis
vs	avez	assis
ils	ont	assis

Plus-que-parfait
j'	avais	assis
tu	avais	assis
il	avait	assis
ns	avions	assis
vs	aviez	assis
ils	avaient	assis

Passé antérieur
j'	eus	assis
tu	eus	assis
il	eut	assis
ns	eûmes	assis
vs	eûtes	assis
ils	eurent	assis

Futur antérieur
j'	aurai	assis
tu	auras	assis
il	aura	assis
ns	aurons	assis
vs	aurez	assis
ils	auront	assis

SUBJONCTIF

Présent — ou
que	j'	asseye	assoie
que	tu	asseyes	assoies
qu'	il	asseye	assoie
que	ns	asseyions	assoyions
que	vs	asseyiez	assoyiez
qu'	ils	asseyent	assoient

Imparfait
que	j'	assisse
que	tu	assisses
qu'	il	assît
que	ns	assissions
que	vs	assissiez
qu'	ils	assissent

Passé
que	j'	aie	assis
que	tu	aies	assis
qu'	il	ait	assis
que	ns	ayons	assis
que	vs	ayez	assis
qu'	ils	aient	assis

Plus-que-parfait
que	j'	eusse	assis
que	tu	eusses	assis
qu'	il	eût	assis
que	ns	eussions	assis
que	vs	eussiez	assis
qu'	ils	eussent	assis

CONDITIONNEL

Présent — ou
j'	assiérais	assoirais
tu	assiérais	assoirais
il	assiérait	assoirait
ns	assiérions	assoirions
vs	assiériez	assoiriez
ils	assiéraient	assoiraient

Passé 1re forme
j'	aurais	assis
tu	aurais	assis
il	aurait	assis
ns	aurions	assis
vs	auriez	assis
ils	auraient	assis

Passé 2e forme
j'	eusse	assis
tu	eusses	assis
il	eût	assis
ns	eussions	assis
vs	eussiez	assis
ils	eussent	assis

IMPÉRATIF

Présent
assieds — asseyons — asseyez
ou assois — ou assoyons — ou assoyez

Passé
aie assis — ayons assis — ayez assis

INFINITIF

Présent	Passé
asseoir	avoir assis

PARTICIPE

Présent	Passé	Passé composé
asseyant ou assoyant	assis, se	ayant assis

41 SURSEOIR — 3ᵉ groupe

INDICATIF

Présent
je sursois
tu sursois
il sursoit
ns sursoyons
vs sursoyez
ils sursoient

Passé composé
j' ai sursis
tu as sursis
il a sursis
ns avons sursis
vs avez sursis
ils ont sursis

Imparfait
je sursoyais
tu sursoyais
il sursoyait
ns sursoyions
vs sursoyiez
ils sursoyaient

Plus-que-parfait
j' avais sursis
tu avais sursis
il avait sursis
ns avions sursis
vs aviez sursis
ils avaient sursis

Passé simple
je sursis
tu sursis
il sursit
ns sursîmes
vs sursîtes
ils sursirent

Passé antérieur
j' eus sursis
tu eus sursis
il eut sursis
ns eûmes sursis
vs eûtes sursis
ils eurent sursis

Futur simple
je surseoirai
tu surseoiras
il surseoira
ns surseoirons
vs surseoirez
ils surseoiront

Futur antérieur
j' aurai sursis
tu auras sursis
il aura sursis
ns aurons sursis
vs aurez sursis
ils auront sursis

SUBJONCTIF

Présent
que je sursoie
que tu sursoies
qu' il sursoie
que ns sursoyions
que vs sursoyiez
qu' ils sursoient

Imparfait
que je sursisse
que tu sursisses
qu' il sursît
que ns sursissions
que vs sursissiez
qu' ils sursissent

Passé
que j' aie sursis
que tu aies sursis
qu' il ait sursis
que ns ayons sursis
que vs ayez sursis
qu' ils aient sursis

Plus-que-parfait
que j' eusse sursis
que tu eusses sursis
qu' il eût sursis
que ns eussions sursis
que vs eussiez sursis
qu' ils eussent sursis

CONDITIONNEL

Présent
je surseoirais
tu surseoirais
il surseoirait
ns surseoirions
vs surseoiriez
ils surseoiraient

Passé 1ʳᵉ forme
j' aurais sursis
tu aurais sursis
il aurait sursis
ns aurions sursis
vs auriez sursis
ils auraient sursis

Passé 2ᵉ forme
j' eusse sursis
tu eusses sursis
il eût sursis
ns eussions sursis
vs eussiez sursis
ils eussent sursis

IMPÉRATIF

Présent
sursois   sursoyons   sursoyez

Passé
aie sursis   ayons sursis   ayez sursis

INFINITIF

Présent
surseoir

Passé
avoir sursis

PARTICIPE

Présent
sursoyant

Passé
sursis, se

Passé composé
ayant sursis

SAVOIR

3ᵉ groupe — **42**

INDICATIF

Présent
je sais
tu sais
il sait
ns savons
vs savez
ils savent

Passé composé
j' ai su
tu as su
il a su
ns avons su
vs avez su
ils ont su

Imparfait
je savais
tu savais
il savait
ns savions
vs saviez
ils savaient

Plus-que-parfait
j' avais su
tu avais su
il avait su
ns avions su
vs aviez su
ils avaient su

Passé simple
je sus
tu sus
il sut
ns sûmes
vs sûtes
ils surent

Passé antérieur
j' eus su
tu eus su
il eut su
ns eûmes su
vs eûtes su
ils eurent su

Futur simple
je saurai
tu sauras
il saura
ns saurons
vs saurez
ils sauront

Futur antérieur
j' aurai su
tu auras su
il aura su
ns aurons su
vs aurez su
ils auront su

SUBJONCTIF

Présent
que je sache
que tu saches
qu' il sache
que ns sachions
que vs sachiez
qu' ils sachent

Imparfait
que je susse
que tu susses
qu' il sût
que ns sussions
que vs sussiez
qu' ils sussent

Passé
que j' aie su
que tu aies su
qu' il ait su
que ns ayons su
que vs ayez su
qu' ils aient su

Plus-que-parfait
que j' eusse su
que tu eusses su
qu' il eût su
que ns eussions su
que vs eussiez su
qu' ils eussent su

CONDITIONNEL

Présent
je saurais
tu saurais
il saurait
ns saurions
vs sauriez
ils sauraient

Passé 1ʳᵉ forme
j' aurais su
tu aurais su
il aurait su
ns aurions su
vs auriez su
ils auraient su

Passé 2ᵉ forme
j' eusse su
tu eusses su
il eût su
ns eussions su
vs eussiez su
ils eussent su

IMPÉRATIF

Présent
sache   sachons   sachez

Passé
aie su   ayons su   ayez su

INFINITIF

Présent
savoir

Passé
avoir su

PARTICIPE

Présent
sachant

Passé
su, e

Passé composé
ayant su

43 DEVOIR — 3ᵉ groupe

INDICATIF

Présent
je dois
tu dois
il doit
ns devons
vs devez
ils doivent

Passé composé
j' ai dû
tu as dû
il a dû
ns avons dû
vs avez dû
ils ont dû

Imparfait
je devais
tu devais
il devait
ns devions
vs deviez
ils devaient

Plus-que-parfait
j' avais dû
tu avais dû
il avait dû
ns avions dû
vs aviez dû
ils avaient dû

Passé simple
je dus
tu dus
il dut
ns dûmes
vs dûtes
ils durent

Passé antérieur
j' eus dû
tu eus dû
il eut dû
ns eûmes dû
vs eûtes dû
ils eurent dû

Futur simple
je devrai
tu devras
il devra
ns devrons
vs devrez
ils devront

Futur antérieur
j' aurai dû
tu auras dû
il aura dû
ns aurons dû
vs aurez dû
ils auront dû

SUBJONCTIF

Présent
que je doive
que tu doives
qu' il doive
que ns devions
que vs deviez
qu' ils doivent

Imparfait
que je dusse
que tu dusses
qu' il dût
que ns dussions
que vs dussiez
qu' ils dussent

Passé
que j' aie dû
que tu aies dû
qu' il ait dû
que ns ayons dû
que vs ayez dû
qu' ils aient dû

Plus-que-parfait
que j' eusse dû
que tu eusses dû
qu' il eût dû
que ns eussions dû
que vs eussiez dû
qu' ils eussent dû

CONDITIONNEL

Présent
je devrais
tu devrais
il devrait
ns devrions
vs devriez
ils devraient

Passé 1ʳᵉ forme
j' aurais dû
tu aurais dû
il aurait dû
ns aurions dû
vs auriez dû
ils auraient dû

Passé 2ᵉ forme
j' eusse dû
tu eusses dû
il eût dû
ns eussions dû
vs eussiez dû
ils eussent dû

IMPÉRATIF

inusité

INFINITIF

Présent
devoir

Passé
avoir dû

PARTICIPE

Présent
devant

Passé
dû, due

Passé composé
ayant dû

3ᵉ groupe — POUVOIR — 44

INDICATIF

Présent   ou
je peux   je puis
tu peux
il peut
ns pouvons
vs pouvez
ils peuvent

Passé composé
j' ai pu
tu as pu
il a pu
ns avons pu
vs avez pu
ils ont pu

Imparfait
je pouvais
tu pouvais
il pouvait
ns pouvions
vs pouviez
ils pouvaient

Plus-que-parfait
j' avais pu
tu avais pu
il avait pu
ns avions pu
vs aviez pu
ils avaient pu

Passé simple
je pus
tu pus
il put
ns pûmes
vs pûtes
ils purent

Passé antérieur
j' eus pu
tu eus pu
il eut pu
ns eûmes pu
vs eûtes pu
ils eurent pu

Futur simple
je pourrai
tu pourras
il pourra
ns pourrons
vs pourrez
ils pourront

Futur antérieur
j' aurai pu
tu auras pu
il aura pu
ns aurons pu
vs aurez pu
ils auront pu

SUBJONCTIF

Présent
que je puisse
que tu puisses
qu' il puisse
que ns puissions
que vs puissiez
qu' ils puissent

Imparfait
que je pusse
que tu pusses
qu' il pût
que ns pussions
que vs pussiez
qu' ils pussent

Passé
que j' aie pu
que tu aies pu
qu' il ait pu
que ns ayons pu
que vs ayez pu
qu' ils aient pu

Plus-que-parfait
que j' eusse pu
que tu eusses pu
qu' il eût pu
que ns eussions pu
que vs eussiez pu
qu' ils eussent pu

CONDITIONNEL

Présent
je pourrais
tu pourrais
il pourrait
ns pourrions
vs pourriez
ils pourraient

Passé 1ʳᵉ forme
j' aurais pu
tu aurais pu
il aurait pu
ns aurions pu
vs auriez pu
ils auraient pu

Passé 2ᵉ forme
j' eusse pu
tu eusses pu
il eût pu
ns eussions pu
vs eussiez pu
ils eussent pu

IMPÉRATIF

inusité

INFINITIF

Présent
pouvoir

Passé
avoir pu

PARTICIPE

Présent
pouvant

Passé
pu

Passé composé
ayant pu

45 VOULOIR — 3ᵉ groupe

INDICATIF

Présent
- je veux
- tu veux
- il veut
- ns voulons
- vs voulez
- ils veulent

Imparfait
- je voulais
- tu voulais
- il voulait
- ns voulions
- vs vouliez
- ils voulaient

Passé simple
- je voulus
- tu voulus
- il voulut
- ns voulûmes
- vs voulûtes
- ils voulurent

Futur simple
- je voudrai
- tu voudras
- il voudra
- ns voudrons
- vs voudrez
- ils voudront

Passé composé
- j' ai voulu
- tu as voulu
- il a voulu
- ns avons voulu
- vs avez voulu
- ils ont voulu

Plus-que-parfait
- j' avais voulu
- tu avais voulu
- il avait voulu
- ns avions voulu
- vs aviez voulu
- ils avaient voulu

Passé antérieur
- j' eus voulu
- tu eus voulu
- il eut voulu
- ns eûmes voulu
- vs eûtes voulu
- ils eurent voulu

Futur antérieur
- j' aurai voulu
- tu auras voulu
- il aura voulu
- ns aurons voulu
- vs aurez voulu
- ils auront voulu

SUBJONCTIF

Présent
- que je veuille
- que tu veuilles
- qu' il veuille
- que ns voulions
- que vs vouliez
- qu' ils veuillent

Imparfait
- que je voulusse
- que tu voulusses
- qu' il voulût
- que ns voulussions
- que vs voulussiez
- qu' ils voulussent

Passé
- que j' aie voulu
- que tu aies voulu
- qu' il ait voulu
- que ns ayons voulu
- que vs ayez voulu
- qu' ils aient voulu

Plus-que-parfait
- que j' eusse voulu
- que tu eusses voulu
- qu' il eût voulu
- que ns eussions voulu
- que vs eussiez voulu
- qu' ils eussent voulu

CONDITIONNEL

Présent
- je voudrais
- tu voudrais
- il voudrait
- ns voudrions
- vs voudriez
- ils voudraient

Passé 1ʳᵉ forme
- j' aurais voulu
- tu aurais voulu
- il aurait voulu
- ns aurions voulu
- vs auriez voulu
- ils auraient voulu

Passé 2ᵉ forme
- j' eusse voulu
- tu eusses voulu
- il eût voulu
- ns eussions voulu
- vs eussiez voulu
- ils eussent voulu

IMPÉRATIF

Présent
- veux voulons voulez
- *ou* veuille *ou* veuillez

Passé
- aie voulu ayons voulu ayez voulu

INFINITIF

Présent : vouloir
Passé : avoir voulu

PARTICIPE

Présent : voulant
Passé : voulu, e
Passé composé : ayant voulu

VALOIR

3e groupe — **46**

INDICATIF

Présent
je vaux
tu vaux
il vaut
ns valons
vs valez
ils valent

Passé composé
j' ai valu
tu as valu
il a valu
ns avons valu
vs avez valu
ils ont valu

Imparfait
je valais
tu valais
il valait
ns valions
vs valiez
ils valaient

Plus-que-parfait
j' avais valu
tu avais valu
il avait valu
ns avions valu
vs aviez valu
ils avaient valu

Passé simple
je valus
tu valus
il valut
ns valûmes
vs valûtes
ils valurent

Passé antérieur
j' eus valu
tu eus valu
il eut valu
ns eûmes valu
vs eûtes valu
ils eurent valu

Futur simple
je vaudrai
tu vaudras
il vaudra
ns vaudrons
vs vaudrez
ils vaudront

Futur antérieur
j' aurai valu
tu auras valu
il aura valu
ns aurons valu
vs aurez valu
ils auront valu

SUBJONCTIF

Présent
que je vaille
que tu vailles
qu' il vaille
que ns valions
que vs valiez
qu' ils vaillent

Imparfait
que je valusse
que tu valusses
qu' il valût
que ns valussions
que vs valussiez
qu' ils valussent

Passé
que j' aie valu
que tu aies valu
qu' il ait valu
que ns ayons valu
que vs ayez valu
qu' ils aient valu

Plus-que-parfait
que j' eusse valu
que tu eusses valu
qu' il eût valu
que ns eussions valu
que vs eussiez valu
qu' ils eussent valu

CONDITIONNEL

Présent
je vaudrais
tu vaudrais
il vaudrait
ns vaudrions
vs vaudriez
ils vaudraient

Passé 1re forme
j' aurais valu
tu aurais valu
il aurait valu
ns aurions valu
vs auriez valu
ils auraient valu

Passé 2e forme
j' eusse valu
tu eusses valu
il eût valu
ns eussions valu
vs eussiez valu
ils eussent valu

IMPÉRATIF

Présent
vaux   valons   valez

Passé
aie valu   ayons valu   ayez valu

INFINITIF

Présent
valoir

Passé
avoir valu

PARTICIPE

Présent
valant

Passé
valu, e

Passé composé
ayant valu

47 PRÉVALOIR — 3e groupe

INDICATIF

Présent
je prévaux
tu prévaux
il prévaut
ns prévalons
vs prévalez
ils prévalent

Imparfait
je prévalais
tu prévalais
il prévalait
ns prévalions
vs prévaliez
ils prévalaient

Passé simple
je prévalus
tu prévalus
il prévalut
ns prévalûmes
vs prévalûtes
ils prévalurent

Futur simple
je prévaudrai
tu prévaudras
il prévaudra
ns prévaudrons
vs prévaudrez
ils prévaudront

Passé composé
j' ai prévalu
tu as prévalu
il a prévalu
ns avons prévalu
vs avez prévalu
ils ont prévalu

Plus-que-parfait
j' avais prévalu
tu avais prévalu
il avait prévalu
ns avions prévalu
vs aviez prévalu
ils avaient prévalu

Passé antérieur
j' eus prévalu
tu eus prévalu
il eut prévalu
ns eûmes prévalu
vs eûtes prévalu
ils eurent prévalu

Futur antérieur
j' aurai prévalu
tu auras prévalu
il aura prévalu
ns aurons prévalu
vs aurez prévalu
ils auront prévalu

SUBJONCTIF

Présent
que je prévale
que tu prévales
qu' il prévale
que ns prévalions
que vs prévaliez
qu' ils prévalent

Imparfait
que je prévalusse
que tu prévalusses
qu' il prévalût
que ns prévalussions
que vs prévalussiez
qu' ils prévalussent

Passé
que j' aie prévalu
que tu aies prévalu
qu' il ait prévalu
que ns ayons prévalu
que vs ayez prévalu
qu' ils aient prévalu

Plus-que-parfait
que j' eusse prévalu
que tu eusses prévalu
qu' il eût prévalu
que ns eussions prévalu
que vs eussiez prévalu
qu' ils eussent prévalu

CONDITIONNEL

Présent
je prévaudrais
tu prévaudrais
il prévaudrait
ns prévaudrions
vs prévaudriez
ils prévaudraient

Passé 1re forme
j' aurais prévalu
tu aurais prévalu
il aurait prévalu
ns aurions prévalu
vs auriez prévalu
ils auraient prévalu

Passé 2e forme
j' eusse prévalu
tu eusses prévalu
il eût prévalu
ns eussions prévalu
vs eussiez prévalu
ils eussent prévalu

IMPÉRATIF

Présent
prévaux   prévalons   prévalez

Passé
aie prévalu   ayons prévalu   ayez prévalu

INFINITIF

Présent
prévaloir

Passé
avoir prévalu

PARTICIPE

Présent
prévalant

Passé
prévalu, e

Passé composé
ayant prévalu

3e groupe — **MOUVOIR** — **48**

INDICATIF

Présent
je meus
tu meus
il meut
ns mouvons
vs mouvez
ils meuvent

Passé composé
j' ai mû
tu as mû
il a mû
ns avons mû
vs avez mû
ils ont mû

Imparfait
je mouvais
tu mouvais
il mouvait
ns mouvions
vs mouviez
ils mouvaient

Plus-que-parfait
j' avais mû
tu avais mû
il avait mû
ns avions mû
vs aviez mû
ils avaient mû

Passé simple
je mus
tu mus
il mut
ns mûmes
vs mûtes
ils murent

Passé antérieur
j' eus mû
tu eus mû
il eut mû
ns eûmes mû
vs eûtes mû
ils eurent mû

Futur simple
je mouvrai
tu mouvras
il mouvra
ns mouvrons
vs mouvrez
ils mouvront

Futur antérieur
j' aurai mû
tu auras mû
il aura mû
ns aurons mû
vs aurez mû
ils auront mû

SUBJONCTIF

Présent
que je meuve
que tu meuves
qu' il meuve
que ns mouvions
que vs mouviez
qu' ils meuvent

Imparfait
que je musse
que tu musses
qu' il mût
que ns mussions
que vs mussiez
qu' ils mussent

Passé
que j' aie mû
que tu aies mû
qu' il ait mû
que ns ayons mû
que vs ayez mû
qu' ils aient mû

Plus-que-parfait
que j' eusse mû
que tu eusses mû
qu' il eût mû
que ns eussions mû
que vs eussiez mû
qu' ils eussent mû

CONDITIONNEL

Présent
je mouvrais
tu mouvrais
il mouvrait
ns mouvrions
vs mouvriez
ils mouvraient

Passé 1re forme
j' aurais mû
tu aurais mû
il aurait mû
ns aurions mû
vs auriez mû
ils auraient mû

Passé 2e forme
j' eusse mû
tu eusses mû
il eût mû
ns eussions mû
vs eussiez mû
ils eussent mû

IMPÉRATIF

Présent
meus   mouvons   mouvez

Passé
aie mû   ayons mû   ayez mû

INFINITIF

Présent
mouvoir

Passé
avoir mû

PARTICIPE

Présent
mouvant

Passé
mû, mue

Passé composé
ayant mû

49 FALLOIR — 3ᵉ groupe

INDICATIF

Présent
il faut

Imparfait
il fallait

Passé simple
il fallut

Futur simple
il faudra

Passé composé
il a fallu

Plus-que-parfait
il avait fallu

Passé antérieur
il eut fallu

Futur antérieur
il aura fallu

SUBJONCTIF

Présent
qu'il faille

Imparfait
qu'il fallût

Passé
qu'il ait fallu

Plus-que-parfait
qu'il eût fallu

CONDITIONNEL

Présent
il faudrait

Passé 1ʳᵉ forme
il aurait fallu

Passé 2ᵉ forme
il eût fallu

IMPÉRATIF

inusité

INFINITIF

Présent
falloir

Passé
avoir fallu

PARTICIPE

Présent
inusité

Passé
fallu

Passé composé
ayant fallu

3ᵉ groupe — PLEUVOIR — 50

INDICATIF

Présent
il pleut
ils pleuvent

Imparfait
il pleuvait
ils pleuvaient

Passé simple
il plut
ils plurent

Futur simple
il pleuvra
ils pleuvront

Passé composé
il a plu
ils ont plu

Plus-que-parfait
il avait plu
ils avaient plu

Passé antérieur
il eut plu
ils eurent plu

Futur antérieur
il aura plu
ils auront plu

SUBJONCTIF

Présent
qu' il pleuve
qu' ils pleuvent

Imparfait
qu' il plût
qu' ils plussent

Passé
qu' il ait plu
qu' ils aient plu

Plus-que-parfait
qu' il eût plu
qu' ils eussent plu

CONDITIONNEL

Présent
il pleuvrait
ils pleuvraient

Passé 1ʳᵉ forme
il aurait plu
ils auraient plu

Passé 2ᵉ forme
il eût plu
ils eussent plu

IMPÉRATIF

inusité

INFINITIF

Présent
pleuvoir

Passé
avoir plu

PARTICIPE

Présent
pleuvant

Passé
plu

Passé composé
ayant plu

51 DÉCHOIR — 3e groupe

INDICATIF

Présent *ou*
je déchois
tu déchois
il déchoit — déchet
ns déchoyons
vs déchoyez
ils déchoient

Imparfait
inusité

Passé simple
je déchus
tu déchus
il déchut
ns déchûmes
vs déchûtes
ils déchurent

Futur simple *ou*
je déchoirai — décherrai
tu déchoiras — décherras
il déchoira — décherra
ns déchoirons — décherrons
vs déchoirez — décherrez
ils déchoiront — décherront

Passé composé
j' ai déchu
tu as déchu
il a déchu
ns avons déchu
vs avez déchu
ils ont déchu

Plus-que-parfait
j' avais déchu
tu avais déchu
il avait déchu
ns avions déchu
vs aviez déchu
ils avaient déchu

Passé antérieur
j' eus déchu
tu eus déchu
il eut déchu
ns eûmes déchu
vs eûtes déchu
ils eurent déchu

Futur antérieur
j' aurai déchu
tu auras déchu
il aura déchu
ns aurons déchu
vs aurez déchu
ils auront déchu

SUBJONCTIF

Présent
que je déchoie
que tu déchoies
qu' il déchoie
que ns déchoyions
que vs déchoyiez
qu' ils déchoient

Imparfait
que je déchusse
que tu déchusses
qu' il déchût
que ns déchussions
que vs déchussiez
qu' ils déchussent

Passé
que j' aie déchu
que tu aies déchu
qu' il ait déchu
que ns ayons déchu
que vs ayez déchu
qu' ils aient déchu

Plus-que-parfait
que j' eusse déchu
que tu eusses déchu
qu' il eût déchu
que ns eussions déchu
que vs eussiez déchu
qu' ils eussent déchu

CONDITIONNEL

Présent *ou*
je déchoirais — décherrais
tu déchoirais — décherrais
il déchoirait — décherrait
ns déchoirions — décherrions
vs déchoiriez — décherriez
ils déchoiraient — décherraient

Passé 1re forme
j' aurais déchu
tu aurais déchu
il aurait déchu
ns aurions déchu
vs auriez déchu
ils auraient déchu

Passé 2e forme
j' eusse déchu
tu eusses déchu
il eût déchu
ns eussions déchu
vs eussiez déchu
ils eussent déchu

IMPÉRATIF

inusité

INFINITIF

Présent
déchoir

Passé
avoir déchu

PARTICIPE

Présent
déchéant *(rare)*

Passé
déchu, e

Passé composé
ayant déchu

3ᵉ groupe — RENDRE — 52

INDICATIF

Présent
je rends
tu rends
il rend
ns rendons
vs rendez
ils rendent

Imparfait
je rendais
tu rendais
il rendait
ns rendions
vs rendiez
ils rendaient

Passé simple
je rendis
tu rendis
il rendit
ns rendîmes
vs rendîtes
ils rendirent

Futur simple
je rendrai
tu rendras
il rendra
ns rendrons
vs rendrez
ils rendront

Passé composé
j' ai rendu
tu as rendu
il a rendu
ns avons rendu
vs avez rendu
ils ont rendu

Plus-que-parfait
j' avais rendu
tu avais rendu
il avait rendu
ns avions rendu
vs aviez rendu
ils avaient rendu

Passé antérieur
j' eus rendu
tu eus rendu
il eut rendu
ns eûmes rendu
vs eûtes rendu
ils eurent rendu

Futur antérieur
j' aurai rendu
tu auras rendu
il aura rendu
ns aurons rendu
vs aurez rendu
ils auront rendu

SUBJONCTIF

Présent
que je rende
que tu rendes
qu' il rende
que ns rendions
que vs rendiez
qu' ils rendent

Imparfait
que je rendisse
que tu rendisses
qu' il rendît
que ns rendissions
que vs rendissiez
qu' ils rendissent

Passé
que j' aie rendu
que tu aies rendu
qu' il ait rendu
que ns ayons rendu
que vs ayez rendu
qu' ils aient rendu

Plus-que-parfait
que j' eusse rendu
que tu eusses rendu
qu' il eût rendu
que ns eussions rendu
que vs eussiez rendu
qu' ils eussent rendu

CONDITIONNEL

Présent
je rendrais
tu rendrais
il rendrait
ns rendrions
vs rendriez
ils rendraient

Passé 1ʳᵉ forme
j' aurais rendu
tu aurais rendu
il aurait rendu
ns aurions rendu
vs auriez rendu
ils auraient rendu

Passé 2ᵉ forme
j' eusse rendu
tu eusses rendu
il eût rendu
ns eussions rendu
vs eussiez rendu
ils eussent rendu

IMPÉRATIF

Présent
rends   rendons   rendez

Passé
aie rendu   ayons rendu   ayez rendu

INFINITIF

Présent
rendre

Passé
avoir rendu

PARTICIPE

Présent
rendant

Passé
rendu, e

Passé composé
ayant rendu

53 PRENDRE — 3e groupe

INDICATIF

Présent
je prends
tu prends
il prend
ns prenons
vs prenez
ils prennent

Imparfait
je prenais
tu prenais
il prenait
ns prenions
vs preniez
ils prenaient

Passé simple
je pris
tu pris
il prit
ns prîmes
vs prîtes
ils prirent

Futur simple
je prendrai
tu prendras
il prendra
ns prendrons
vs prendrez
ils prendront

Passé composé
j' ai pris
tu as pris
il a pris
ns avons pris
vs avez pris
ils ont pris

Plus-que-parfait
j' avais pris
tu avais pris
il avait pris
ns avions pris
vs aviez pris
ils avaient pris

Passé antérieur
j' eus pris
tu eus pris
il eut pris
ns eûmes pris
vs eûtes pris
ils eurent pris

Futur antérieur
j' aurai pris
tu auras pris
il aura pris
ns aurons pris
vs aurez pris
ils auront pris

SUBJONCTIF

Présent
que je prenne
que tu prennes
qu' il prenne
que ns prenions
que vs preniez
qu' ils prennent

Imparfait
que je prisse
que tu prisses
qu' il prît
que ns prissions
que vs prissiez
qu' ils prissent

Passé
que j' aie pris
que tu aies pris
qu' il ait pris
que ns ayons pris
que vs ayez pris
qu' ils aient pris

Plus-que-parfait
que j' eusse pris
que tu eusses pris
qu' il eût pris
que ns eussions pris
que vs eussiez pris
qu' ils eussent pris

CONDITIONNEL

Présent
je prendrais
tu prendrais
il prendrait
ns prendrions
vs prendriez
ils prendraient

Passé 1re forme
j' aurais pris
tu aurais pris
il aurait pris
ns aurions pris
vs auriez pris
ils auraient pris

Passé 2e forme
j' eusse pris
tu eusses pris
il eût pris
ns eussions pris
vs eussiez pris
ils eussent pris

IMPÉRATIF

Présent
prends   prenons   prenez

Passé
aie pris   ayons pris   ayez pris

INFINITIF

Présent
prendre

Passé
avoir pris

PARTICIPE

Présent
prenant

Passé
pris, se

Passé composé
ayant pris

3ᵉ groupe — CRAINDRE — 54

INDICATIF

Présent
je crains
tu crains
il craint
ns craignons
vs craignez
ils craignent

Imparfait
je craignais
tu craignais
il craignait
ns craignions
vs craigniez
ils craignaient

Passé simple
je craignis
tu craignis
il craignit
ns craignîmes
vs craignîtes
ils craignirent

Futur simple
je craindrai
tu craindras
il craindra
ns craindrons
vs craindrez
ils craindront

Passé composé
j' ai craint
tu as craint
il a craint
ns avons craint
vs avez craint
ils ont craint

Plus-que-parfait
j' avais craint
tu avais craint
il avait craint
ns avions craint
vs aviez craint
ils avaient craint

Passé antérieur
j' eus craint
tu eus craint
il eut craint
ns eûmes craint
vs eûtes craint
ils eurent craint

Futur antérieur
j' aurai craint
tu auras craint
il aura craint
ns aurons craint
vs aurez craint
ils auront craint

SUBJONCTIF

Présent
que je craigne
que tu craignes
qu' il craigne
que ns craignions
que vs craigniez
qu' ils craignent

Imparfait
que je craignisse
que tu craignisses
qu' il craignît
que ns craignissions
que vs craignissiez
qu' ils craignissent

Passé
que j' aie craint
que tu aies craint
qu' il ait craint
que ns ayons craint
que vs ayez craint
qu' ils aient craint

Plus-que-parfait
que j' eusse craint
que tu eusses craint
qu' il eût craint
que ns eussions craint
que vs eussiez craint
qu' ils eussent craint

CONDITIONNEL

Présent
je craindrais
tu craindrais
il craindrait
ns craindrions
vs craindriez
ils craindraient

Passé 1ʳᵉ forme
j' aurais craint
tu aurais craint
il aurait craint
ns aurions craint
vs auriez craint
ils auraient craint

Passé 2ᵉ forme
j' eusse craint
tu eusses craint
il eût craint
ns eussions craint
vs eussiez craint
ils eussent craint

IMPÉRATIF

Présent
crains   craignons   craignez

Passé
aie craint   ayons craint   ayez craint

INFINITIF

Présent
craindre

Passé
avoir craint

PARTICIPE

Présent
craignant

Passé
craint, te

Passé composé
ayant craint

55 PEINDRE — 3e groupe

INDICATIF

Présent
- je peins
- tu peins
- il peint
- ns peignons
- vs peignez
- ils peignent

Imparfait
- je peignais
- tu peignais
- il peignait
- ns peignions
- vs peigniez
- ils peignaient

Passé simple
- je peignis
- tu peignis
- il peignit
- ns peignîmes
- vs peignîtes
- ils peignirent

Futur simple
- je peindrai
- tu peindras
- il peindra
- ns peindrons
- vs peindrez
- ils peindront

Passé composé
- j' ai peint
- tu as peint
- il a peint
- ns avons peint
- vs avez peint
- ils ont peint

Plus-que-parfait
- j' avais peint
- tu avais peint
- il avait peint
- ns avions peint
- vs aviez peint
- ils avaient peint

Passé antérieur
- j' eus peint
- tu eus peint
- il eut peint
- ns eûmes peint
- vs eûtes peint
- ils eurent peint

Futur antérieur
- j' aurai peint
- tu auras peint
- il aura peint
- ns aurons peint
- vs aurez peint
- ils auront peint

SUBJONCTIF

Présent
- que je peigne
- que tu peignes
- qu' il peigne
- que ns peignions
- que vs peigniez
- qu' ils peignent

Imparfait
- que je peignisse
- que tu peignisses
- qu' il peignît
- que ns peignissions
- que vs peignissiez
- qu' ils peignissent

Passé
- que j' aie peint
- que tu aies peint
- qu' il ait peint
- que ns ayons peint
- que vs ayez peint
- qu' ils aient peint

Plus-que-parfait
- que j' eusse peint
- que tu eusses peint
- qu' il eût peint
- que ns eussions peint
- que vs eussiez peint
- qu' ils eussent peint

CONDITIONNEL

Présent
- je peindrais
- tu peindrais
- il peindrait
- ns peindrions
- vs peindriez
- ils peindraient

Passé 1re forme
- j' aurais peint
- tu aurais peint
- il aurait peint
- ns aurions peint
- vs auriez peint
- ils auraient peint

Passé 2e forme
- j' eusse peint
- tu eusses peint
- il eût peint
- ns eussions peint
- vs eussiez peint
- ils eussent peint

IMPÉRATIF

Présent
peins peignons peignez

Passé
aie peint ayons peint ayez peint

INFINITIF

Présent : peindre
Passé : avoir peint

PARTICIPE

Présent : peignant
Passé : peint, te
Passé composé : ayant peint

3ᵉ groupe — JOINDRE 56

INDICATIF

Présent
je joins
tu joins
il joint
ns joignons
vs joignez
ils joignent

Passé composé
j' ai joint
tu as joint
il a joint
ns avons joint
vs avez joint
ils ont joint

Imparfait
je joignais
tu joignais
il joignait
ns joignions
vs joigniez
ils joignaient

Plus-que-parfait
j' avais joint
tu avais joint
il avait joint
ns avions joint
vs aviez joint
ils avaient joint

Passé simple
je joignis
tu joignis
il joignit
ns joignîmes
vs joignîtes
ils joignirent

Passé antérieur
j' eus joint
tu eus joint
il eut joint
ns eûmes joint
vs eûtes joint
ils eurent joint

Futur simple
je joindrai
tu joindras
il joindra
ns joindrons
vs joindrez
ils joindront

Futur antérieur
j' aurai joint
tu auras joint
il aura joint
ns aurons joint
vs aurez joint
ils auront joint

SUBJONCTIF

Présent
que je joigne
que tu joignes
qu' il joigne
que ns joignions
que vs joigniez
qu' ils joignent

Imparfait
que je joignisse
que tu joignisses
qu' il joignît
que ns joignissions
que vs joignissiez
qu' ils joignissent

Passé
que j' aie joint
que tu aies joint
qu' il ait joint
que ns ayons joint
que vs ayez joint
qu' ils aient joint

Plus-que-parfait
que j' eusse joint
que tu eusses joint
qu' il eût joint
que ns eussions joint
que vs eussiez joint
qu' ils eussent joint

CONDITIONNEL

Présent
je joindrais
tu joindrais
il joindrait
ns joindrions
vs joindriez
ils joindraient

Passé 1ʳᵉ forme
j' aurais joint
tu aurais joint
il aurait joint
ns aurions joint
vs auriez joint
ils auraient joint

Passé 2ᵉ forme
j' eusse joint
tu eusses joint
il eût joint
ns eussions joint
vs eussiez joint
ils eussent joint

IMPÉRATIF

Présent
joins   joignons   joignez

Passé
aie joint   ayons joint   ayez joint

INFINITIF

Présent
joindre

Passé
avoir joint

PARTICIPE

Présent
joignant

Passé
joint, te

Passé composé
ayant joint

57 RÉSOUDRE — 3ᵉ groupe

INDICATIF

Présent
- je résous
- tu résous
- il résout
- ns résolvons
- vs résolvez
- ils résolvent

Imparfait
- je résolvais
- tu résolvais
- il résolvait
- ns résolvions
- vs résolviez
- ils résolvaient

Passé simple
- je résolus
- tu résolus
- il résolut
- ns résolûmes
- vs résolûtes
- ils résolurent

Futur simple
- je résoudrai
- tu résoudras
- il résoudra
- ns résoudrons
- vs résoudrez
- ils résoudront

Passé composé
- j' ai résolu
- tu as résolu
- il a résolu
- ns avons résolu
- vs avez résolu
- ils ont résolu

Plus-que-parfait
- j' avais résolu
- tu avais résolu
- il avait résolu
- ns avions résolu
- vs aviez résolu
- ils avaient résolu

Passé antérieur
- j' eus résolu
- tu eus résolu
- il eut résolu
- ns eûmes résolu
- vs eûtes résolu
- ils eurent résolu

Futur antérieur
- j' aurai résolu
- tu auras résolu
- il aura résolu
- ns aurons résolu
- vs aurez résolu
- ils auront résolu

SUBJONCTIF

Présent
- que je résolve
- que tu résolves
- qu' il résolve
- que ns résolvions
- que vs résolviez
- qu' ils résolvent

Imparfait
- que je résolusse
- que tu résolusses
- qu' il résolût
- que ns résolussions
- que vs résolussiez
- qu' ils résolussent

Passé
- que j' aie résolu
- que tu aies résolu
- qu' il ait résolu
- que ns ayons résolu
- que vs ayez résolu
- qu' ils aient résolu

Plus-que-parfait
- que j' eusse résolu
- que tu eusses résolu
- qu' il eût résolu
- que ns eussions résolu
- que vs eussiez résolu
- qu' ils eussent résolu

CONDITIONNEL

Présent
- je résoudrais
- tu résoudrais
- il résoudrait
- ns résoudrions
- vs résoudriez
- ils résoudraient

Passé 1ʳᵉ forme
- j' aurais résolu
- tu aurais résolu
- il aurait résolu
- ns aurions résolu
- vs auriez résolu
- ils auraient résolu

Passé 2ᵉ forme
- j' eusse résolu
- tu eusses résolu
- il eût résolu
- ns eussions résolu
- vs eussiez résolu
- ils eussent résolu

IMPÉRATIF

Présent
résous, résolvons, résolvez

Passé
aie résolu, ayons résolu, ayez résolu

INFINITIF

Présent
résoudre

Passé
avoir résolu

PARTICIPE

Présent
résolvant

Passé
résolu, e

Passé composé
ayant résolu

3ᵉ groupe — COUDRE — 58

INDICATIF

Présent
je couds
tu couds
il coud
ns cousons
vs cousez
ils cousent

Imparfait
je cousais
tu cousais
il cousait
ns cousions
vs cousiez
ils cousaient

Passé simple
je cousis
tu cousis
il cousit
ns cousîmes
vs cousîtes
ils cousirent

Futur simple
je coudrai
tu coudras
il coudra
ns coudrons
vs coudrez
ils coudront

Passé composé
j' ai cousu
tu as cousu
il a cousu
ns avons cousu
vs avez cousu
ils ont cousu

Plus-que-parfait
j' avais cousu
tu avais cousu
il avait cousu
ns avions cousu
vs aviez cousu
ils avaient cousu

Passé antérieur
j' eus cousu
tu eus cousu
il eut cousu
ns eûmes cousu
vs eûtes cousu
ils eurent cousu

Futur antérieur
j' aurai cousu
tu auras cousu
il aura cousu
ns aurons cousu
vs aurez cousu
ils auront cousu

SUBJONCTIF

Présent
que je couse
que tu couses
qu' il couse
que ns cousions
que vs cousiez
qu' ils cousent

Imparfait
que je cousisse
que tu cousisses
qu' il cousît
que ns cousissions
que vs cousissiez
qu' ils cousissent

Passé
que j' aie cousu
que tu aies cousu
qu' il ait cousu
que ns ayons cousu
que vs ayez cousu
qu' ils aient cousu

Plus-que-parfait
que j' eusse cousu
que tu eusses cousu
qu' il eût cousu
que ns eussions cousu
que vs eussiez cousu
qu' ils eussent cousu

CONDITIONNEL

Présent
je coudrais
tu coudrais
il coudrait
ns coudrions
vs coudriez
ils coudraient

Passé 1ʳᵉ forme
j' aurais cousu
tu aurais cousu
il aurait cousu
ns aurions cousu
vs auriez cousu
ils auraient cousu

Passé 2ᵉ forme
j' eusse cousu
tu eusses cousu
il eût cousu
ns eussions cousu
vs eussiez cousu
ils eussent cousu

IMPÉRATIF

Présent
couds   cousons   cousez

Passé
aie cousu   ayons cousu   ayez cousu

INFINITIF

Présent
coudre

Passé
avoir cousu

PARTICIPE

Présent
cousant

Passé
cousu, e

Passé composé
ayant cousu

59 MOUDRE — 3ᵉ groupe

INDICATIF

Présent
- je mouds
- tu mouds
- il moud
- ns moulons
- vs moulez
- ils moulent

Imparfait
- je moulais
- tu moulais
- il moulait
- ns moulions
- vs mouliez
- ils moulaient

Passé simple
- je moulus
- tu moulus
- il moulut
- ns moulûmes
- vs moulûtes
- ils moulurent

Futur simple
- je moudrai
- tu moudras
- il moudra
- ns moudrons
- vs moudrez
- ils moudront

Passé composé
- j' ai moulu
- tu as moulu
- il a moulu
- ns avons moulu
- vs avez moulu
- ils ont moulu

Plus-que-parfait
- j' avais moulu
- tu avais moulu
- il avait moulu
- ns avions moulu
- vs aviez moulu
- ils avaient moulu

Passé antérieur
- j' eus moulu
- tu eus moulu
- il eut moulu
- ns eûmes moulu
- vs eûtes moulu
- ils eurent moulu

Futur antérieur
- j' aurai moulu
- tu auras moulu
- il aura moulu
- ns aurons moulu
- vs aurez moulu
- ils auront moulu

SUBJONCTIF

Présent
- que je moule
- que tu moules
- qu' il moule
- que ns moulions
- que vs mouliez
- qu' ils moulent

Imparfait
- que je moulusse
- que tu moulusses
- qu' il moulût
- que ns moulussions
- que vs moulussiez
- qu' ils moulussent

Passé
- que j' aie moulu
- que tu aies moulu
- qu' il ait moulu
- que ns ayons moulu
- que vs ayez moulu
- qu' ils aient moulu

Plus-que-parfait
- que j' eusse moulu
- que tu eusses moulu
- qu' il eût moulu
- que ns eussions moulu
- que vs eussiez moulu
- qu' ils eussent moulu

CONDITIONNEL

Présent
- je moudrais
- tu moudrais
- il moudrait
- ns moudrions
- vs moudriez
- ils moudraient

Passé 1ʳᵉ forme
- j' aurais moulu
- tu aurais moulu
- il aurait moulu
- ns aurions moulu
- vs auriez moulu
- ils auraient moulu

Passé 2ᵉ forme
- j' eusse moulu
- tu eusses moulu
- il eût moulu
- ns eussions moulu
- vs eussiez moulu
- ils eussent moulu

IMPÉRATIF

Présent
- mouds
- moulons
- moulez

Passé
- aie moulu
- ayons moulu
- ayez moulu

INFINITIF

Présent : moudre
Passé : avoir moulu

PARTICIPE

Présent : moulant
Passé : moulu, e
Passé composé : ayant moulu

3ᵉ groupe — ROMPRE — 60

INDICATIF

Présent
je romp**s**
tu romp**s**
il romp**t**
ns rompons
vs rompez
ils rompent

Passé composé
j' ai   rompu
tu as   rompu
il a   rompu
ns avons rompu
vs avez   rompu
ils ont   rompu

Imparfait
je rompais
tu rompais
il rompait
ns rompions
vs rompiez
ils rompaient

Plus-que-parfait
j' avais   rompu
tu avais   rompu
il avait   rompu
ns avions   rompu
vs aviez   rompu
ils avaient rompu

Passé simple
je rompis
tu rompis
il rompit
ns rompîmes
vs rompîtes
ils rompirent

Passé antérieur
j' eus   rompu
tu eus   rompu
il eut   rompu
ns eûmes   rompu
vs eûtes   rompu
ils eurent rompu

Futur simple
je romprai
tu rompras
il rompra
ns romprons
vs romprez
ils rompront

Futur antérieur
j' aurai   rompu
tu auras   rompu
il aura   rompu
ns aurons rompu
vs aurez   rompu
ils auront rompu

SUBJONCTIF

Présent
que je rompe
que tu rompes
qu' il rompe
que ns rompions
que vs rompiez
qu' ils rompent

Imparfait
que je rompisse
que tu rompisses
qu' il rompît
que ns rompissions
que vs rompissiez
qu' ils rompissent

Passé
que j' aie   rompu
que tu aies   rompu
qu' il ait   rompu
que ns ayons rompu
que vs ayez   rompu
qu' ils aient rompu

Plus-que-parfait
que j' eusse   rompu
que tu eusses   rompu
qu' il eût   rompu
que ns eussions rompu
que vs eussiez rompu
qu' ils eussent rompu

CONDITIONNEL

Présent
je romprais
tu romprais
il romprait
ns romprions
vs rompriez
ils rompraient

Passé 1ʳᵉ forme
j' aurais   rompu
tu aurais   rompu
il aurait   rompu
ns aurions   rompu
vs auriez   rompu
ils auraient rompu

Passé 2ᵉ forme
j' eusse   rompu
tu eusses   rompu
il eût   rompu
ns eussions rompu
vs eussiez rompu
ils eussent rompu

IMPÉRATIF

Présent
romp**s**   rompons   rompez

Passé
aie rompu   ayons rompu   ayez rompu

INFINITIF

Présent
rompre

Passé
avoir rompu

PARTICIPE

Présent
rompant

Passé
rompu, e

Passé composé
ayant rompu

61 VAINCRE — 3ᵉ groupe

INDICATIF

Présent
je vaincs
tu vaincs
il vainc
ns vainquons
vs vainquez
ils vainquent

Imparfait
je vainquais
tu vainquais
il vainquait
ns vainquions
vs vainquiez
ils vainquaient

Passé simple
je vainquis
tu vainquis
il vainquit
ns vainquîmes
vs vainquîtes
ils vainquirent

Futur simple
je vaincrai
tu vaincras
il vaincra
ns vaincrons
vs vaincrez
ils vaincront

Passé composé
j' ai vaincu
tu as vaincu
il a vaincu
ns avons vaincu
vs avez vaincu
ils ont vaincu

Plus-que-parfait
j' avais vaincu
tu avais vaincu
il avait vaincu
ns avions vaincu
vs aviez vaincu
ils avaient vaincu

Passé antérieur
j' eus vaincu
tu eus vaincu
il eut vaincu
ns eûmes vaincu
vs eûtes vaincu
ils eurent vaincu

Futur antérieur
j' aurai vaincu
tu auras vaincu
il aura vaincu
ns aurons vaincu
vs aurez vaincu
ils auront vaincu

SUBJONCTIF

Présent
que je vainque
que tu vainques
qu' il vainque
que ns vainquions
que vs vainquiez
qu' ils vainquent

Imparfait
que je vainquisse
que tu vainquisses
qu' il vainquît
que ns vainquissions
que vs vainquissiez
qu' ils vainquissent

Passé
que j' aie vaincu
que tu aies vaincu
qu' il ait vaincu
que ns ayons vaincu
que vs ayez vaincu
qu' ils aient vaincu

Plus-que-parfait
que j' eusse vaincu
que tu eusses vaincu
qu' il eût vaincu
que ns eussions vaincu
que vs eussiez vaincu
qu' ils eussent vaincu

CONDITIONNEL

Présent
je vaincrais
tu vaincrais
il vaincrait
ns vaincrions
vs vaincriez
ils vaincraient

Passé 1ʳᵉ forme
j' aurais vaincu
tu aurais vaincu
il aurait vaincu
ns aurions vaincu
vs auriez vaincu
ils auraient vaincu

Passé 2ᵉ forme
j' eusse vaincu
tu eusses vaincu
il eût vaincu
ns eussions vaincu
vs eussiez vaincu
ils eussent vaincu

IMPÉRATIF

Présent
vaincs   vainquons   vainquez

Passé
aie vaincu   ayons vaincu   ayez vaincu

INFINITIF

Présent
vaincre

Passé
avoir vaincu

PARTICIPE

Présent
vainquant

Passé
vaincu, e

Passé composé
ayant vaincu

3ᵉ groupe

BATTRE

INDICATIF

Présent
je bats
tu bats
il bat
ns battons
vs battez
ils battent

Passé composé
j' ai battu
tu as battu
il a battu
ns avons battu
vs avez battu
ils ont battu

Imparfait
je battais
tu battais
il battait
ns battions
vs battiez
ils battaient

Plus-que-parfait
j' avais battu
tu avais battu
il avait battu
ns avions battu
vs aviez battu
ils avaient battu

Passé simple
je battis
tu battis
il battit
ns battîmes
vs battîtes
ils battirent

Passé antérieur
j' eus battu
tu eus battu
il eut battu
ns eûmes battu
vs eûtes battu
ils eurent battu

Futur simple
je battrai
tu battras
il battra
ns battrons
vs battrez
ils battront

Futur antérieur
j' aurai battu
tu auras battu
il aura battu
ns aurons battu
vs aurez battu
ils auront battu

SUBJONCTIF

Présent
que je batte
que tu battes
qu' il batte
que ns battions
que vs battiez
qu' ils battent

Imparfait
que je battisse
que tu battisses
qu' il battît
que ns battissions
que vs battissiez
qu' ils battissent

Passé
que j' aie battu
que tu aies battu
qu' il ait battu
que ns ayons battu
que vs ayez battu
qu' ils aient battu

Plus-que-parfait
que j' eusse battu
que tu eusses battu
qu' il eût battu
que ns eussions battu
que vs eussiez battu
qu' ils eussent battu

CONDITIONNEL

Présent
je battrais
tu battrais
il battrait
ns battrions
vs battriez
ils battraient

Passé 1ʳᵉ forme
j' aurais battu
tu aurais battu
il aurait battu
ns aurions battu
vs auriez battu
ils auraient battu

Passé 2ᵉ forme
j' eusse battu
tu eusses battu
il eût battu
ns eussions battu
vs eussiez battu
ils eussent battu

IMPÉRATIF

Présent
bats   battons   battez

Passé
aie battu   ayons battu   ayez battu

INFINITIF

Présent
battre

Passé
avoir battu

PARTICIPE

Présent
battant

Passé
battu, e

Passé composé
ayant battu

63 METTRE — 3e groupe

INDICATIF

Présent
- je mets
- tu mets
- il met
- ns mettons
- vs mettez
- ils mettent

Passé composé
- j' ai mis
- tu as mis
- il a mis
- ns avons mis
- vs avez mis
- ils ont mis

Imparfait
- je mettais
- tu mettais
- il mettait
- ns mettions
- vs mettiez
- ils mettaient

Plus-que-parfait
- j' avais mis
- tu avais mis
- il avait mis
- ns avions mis
- vs aviez mis
- ils avaient mis

Passé simple
- je mis
- tu mis
- il mit
- ns mîmes
- vs mîtes
- ils mirent

Passé antérieur
- j' eus mis
- tu eus mis
- il eut mis
- ns eûmes mis
- vs eûtes mis
- ils eurent mis

Futur simple
- je mettrai
- tu mettras
- il mettra
- ns mettrons
- vs mettrez
- ils mettront

Futur antérieur
- j' aurai mis
- tu auras mis
- il aura mis
- ns aurons mis
- vs aurez mis
- ils auront mis

SUBJONCTIF

Présent
- que je mette
- que tu mettes
- qu' il mette
- que ns mettions
- que vs mettiez
- qu' ils mettent

Imparfait
- que je misse
- que tu misses
- qu' il mît
- que ns missions
- que vs missiez
- qu' ils missent

Passé
- que j' aie mis
- que tu aies mis
- qu' il ait mis
- que ns ayons mis
- que vs ayez mis
- qu' ils aient mis

Plus-que-parfait
- que j' eusse mis
- que tu eusses mis
- qu' il eût mis
- que ns eussions mis
- que vs eussiez mis
- qu' ils eussent mis

CONDITIONNEL

Présent
- je mettrais
- tu mettrais
- il mettrait
- ns mettrions
- vs mettriez
- ils mettraient

Passé 1re forme
- j' aurais mis
- tu aurais mis
- il aurait mis
- ns aurions mis
- vs auriez mis
- ils auraient mis

Passé 2e forme
- j' eusse mis
- tu eusses mis
- il eût mis
- ns eussions mis
- vs eussiez mis
- ils eussent mis

IMPÉRATIF

Présent
mets   mettons   mettez

Passé
aie mis   ayons mis   ayez mis

INFINITIF

Présent
mettre

Passé
avoir mis

PARTICIPE

Présent
mettant

Passé
mis, se

Passé composé
ayant mis

CONNAÎTRE

3e groupe

INDICATIF

Présent
je connais
tu connais
il connaît
ns connaissons
vs connaissez
ils connaissent

Imparfait
je connaissais
tu connaissais
il connaissait
ns connaissions
vs connaissiez
ils connaissaient

Passé simple
je connus
tu connus
il connut
ns connûmes
vs connûtes
ils connurent

Futur simple
je connaîtrai
tu connaîtras
il connaîtra
ns connaîtrons
vs connaîtrez
ils connaîtront

Passé composé
j' ai connu
tu as connu
il a connu
ns avons connu
vs avez connu
ils ont connu

Plus-que-parfait
j' avais connu
tu avais connu
il avait connu
ns avions connu
vs aviez connu
ils avaient connu

Passé antérieur
j' eus connu
tu eus connu
il eut connu
ns eûmes connu
vs eûtes connu
ils eurent connu

Futur antérieur
j' aurai connu
tu auras connu
il aura connu
ns aurons connu
vs aurez connu
ils auront connu

SUBJONCTIF

Présent
que je connaisse
que tu connaisses
qu' il connaisse
que ns connaissions
que vs connaissiez
qu' ils connaissent

Imparfait
que je connusse
que tu connusses
qu' il connût
que ns connussions
que vs connussiez
qu' ils connussent

Passé
que j' aie connu
que tu aies connu
qu' il ait connu
que ns ayons connu
que vs ayez connu
qu' ils aient connu

Plus-que-parfait
que j' eusse connu
que tu eusses connu
qu' il eût connu
que ns eussions connu
que vs eussiez connu
qu' ils eussent connu

CONDITIONNEL

Présent
je connaîtrais
tu connaîtrais
il connaîtrait
ns connaîtrions
vs connaîtriez
ils connaîtraient

Passé 1re forme
j' aurais connu
tu aurais connu
il aurait connu
ns aurions connu
vs auriez connu
ils auraient connu

Passé 2e forme
j' eusse connu
tu eusses connu
il eût connu
ns eussions connu
vs eussiez connu
ils eussent connu

IMPÉRATIF

Présent
connais   connaissons   connaissez

Passé
aie connu   ayons connu   ayez connu

INFINITIF

Présent
connaître

Passé
avoir connu

PARTICIPE

Présent
connaissant

Passé
connu, e

Passé composé
ayant connu

65 NAÎTRE — 3e groupe

INDICATIF

Présent
je nais
tu nais
il naît
ns naissons
vs naissez
ils naissent

Passé composé
je suis né
tu es né
il est né
ns sommes nés
vs êtes nés
ils sont nés

Imparfait
je naissais
tu naissais
il naissait
ns naissions
vs naissiez
ils naissaient

Plus-que-parfait
j' étais né
tu étais né
il était né
ns étions nés
vs étiez nés
ils étaient nés

Passé simple
je naquis
tu naquis
il naquit
ns naquîmes
vs naquîtes
ils naquirent

Passé antérieur
je fus né
tu fus né
il fut né
ns fûmes nés
vs fûtes nés
ils furent nés

Futur simple
je naîtrai
tu naîtras
il naîtra
ns naîtrons
vs naîtrez
ils naîtront

Futur antérieur
je serai né
tu seras né
il sera né
ns serons nés
vs serez nés
ils seront nés

SUBJONCTIF

Présent
que je naisse
que tu naisses
qu' il naisse
que ns naissions
que vs naissiez
qu' ils naissent

Imparfait
que je naquisse
que tu naquisses
qu' il naquît
que ns naquissions
que vs naquissiez
qu' ils naquissent

Passé
que je sois né
que tu sois né
qu' il soit né
que ns soyons nés
que vs soyez nés
qu' ils soient nés

Plus-que-parfait
que je fusse né
que tu fusses né
qu' il fût né
que ns fussions nés
que vs fussiez nés
qu' ils fussent nés

CONDITIONNEL

Présent
je naîtrais
tu naîtrais
il naîtrait
ns naîtrions
vs naîtriez
ils naîtraient

Passé 1re forme
je serais né
tu serais né
il serait né
ns serions nés
vs seriez nés
ils seraient nés

Passé 2e forme
je fusse né
tu fusses né
il fût né
ns fussions nés
vs fussiez nés
ils fussent nés

IMPÉRATIF

Présent
nais   naissons   naissez

Passé
sois né   soyons nés   soyez nés

INFINITIF

Présent
naître

Passé
être né

PARTICIPE

Présent
naissant

Passé
né, e

Passé composé
étant né

3e groupe — CROÎTRE — 66

INDICATIF

Présent
je crois
tu crois
il croit
ns croissons
vs croissez
ils croissent

Imparfait
je croissais
tu croissais
il croissait
ns croissions
vs croissiez
ils croissaient

Passé simple
je crûs
tu crûs
il crût
ns crûmes
vs crûtes
ils crûrent

Futur simple
je croîtrai
tu croîtras
il croîtra
ns croîtrons
vs croîtrez
ils croîtront

Passé composé
j' ai crû
tu as crû
il a crû
ns avons crû
vs avez crû
ils ont crû

Plus-que-parfait
j' avais crû
tu avais crû
il avait crû
ns avions crû
vs aviez crû
ils avaient crû

Passé antérieur
j' eus crû
tu eus crû
il eut crû
ns eûmes crû
vs eûtes crû
ils eurent crû

Futur antérieur
j' aurai crû
tu auras crû
il aura crû
ns aurons crû
vs aurez crû
ils auront crû

SUBJONCTIF

Présent
que je croisse
que tu croisses
qu' il croisse
que ns croissions
que vs croissiez
qu' ils croissent

Imparfait
que je crûsse
que tu crûsses
qu' il crût
que ns crûssions
que vs crûssiez
qu' ils crûssent

Passé
que j' aie crû
que tu aies crû
qu' il ait crû
que ns ayons crû
que vs ayez crû
qu' ils aient crû

Plus-que-parfait
que j' eusse crû
que tu eusses crû
qu' il eût crû
que ns eussions crû
que vs eussiez crû
qu' ils eussent crû

CONDITIONNEL

Présent
je croîtrais
tu croîtrais
il croîtrait
ns croîtrions
vs croîtriez
ils croîtraient

Passé 1re forme
j' aurais crû
tu aurais crû
il aurait crû
ns aurions crû
vs auriez crû
ils auraient crû

Passé 2e forme
j' eusse crû
tu eusses crû
il eût crû
ns eussions crû
vs eussiez crû
ils eussent crû

IMPÉRATIF

Présent
crois   croissons   croissez

Passé
aie crû   ayons crû   ayez crû

INFINITIF

Présent
croître

Passé
avoir crû

PARTICIPE

Présent
croissant

Passé
crû, crûe

Passé composé
ayant crû

67 CROIRE — 3ᵉ groupe

INDICATIF

Présent
je crois
tu crois
il croit
ns croyons
vs croyez
ils croient

Imparfait
je croyais
tu croyais
il croyait
ns croyions
vs croyiez
ils croyaient

Passé simple
je crus
tu crus
il crut
ns crûmes
vs crûtes
ils crurent

Futur simple
je croirai
tu croiras
il croira
ns croirons
vs croirez
ils croiront

Passé composé
j' ai cru
tu as cru
il a cru
ns avons cru
vs avez cru
ils ont cru

Plus-que-parfait
j' avais cru
tu avais cru
il avait cru
ns avions cru
vs aviez cru
ils avaient cru

Passé antérieur
j' eus cru
tu eus cru
il eut cru
ns eûmes cru
vs eûtes cru
ils eurent cru

Futur antérieur
j' aurai cru
tu auras cru
il aura cru
ns aurons cru
vs aurez cru
ils auront cru

SUBJONCTIF

Présent
que je croie
que tu croies
qu' il croie
que ns croyions
que vs croyiez
qu' ils croient

Imparfait
que je crusse
que tu crusses
qu' il crût
que ns crussions
que vs crussiez
qu' ils crussent

Passé
que j' aie cru
que tu aies cru
qu' il ait cru
que ns ayons cru
que vs ayez cru
qu' ils aient cru

Plus-que-parfait
que j' eusse cru
que tu eusses cru
qu' il eût cru
que ns eussions cru
que vs eussiez cru
qu' ils eussent cru

CONDITIONNEL

Présent
je croirais
tu croirais
il croirait
ns croirions
vs croiriez
ils croiraient

Passé 1ʳᵉ forme
j' aurais cru
tu aurais cru
il aurait cru
ns aurions cru
vs auriez cru
ils auraient cru

Passé 2ᵉ forme
j' eusse cru
tu eusses cru
il eût cru
ns eussions cru
vs eussiez cru
ils eussent cru

IMPÉRATIF

Présent
crois   croyons   croyez

Passé
aie cru   ayons cru   ayez cru

INFINITIF

Présent
croire

Passé
avoir cru

PARTICIPE

Présent
croyant

Passé
cru, e

Passé composé
ayant cru

3ᵉ groupe — PLAIRE — 68

INDICATIF

Présent
je plais
tu plais
il plaît
ns plaisons
vs plaisez
ils plaisent

Passé composé
j' ai plu
tu as plu
il a plu
ns avons plu
vs avez plu
ils ont plu

Imparfait
je plaisais
tu plaisais
il plaisait
ns plaisions
vs plaisiez
ils plaisaient

Plus-que-parfait
j' avais plu
tu avais plu
il avait plu
ns avions plu
vs aviez plu
ils avaient plu

Passé simple
je plus
tu plus
il plut
ns plûmes
vs plûtes
ils plurent

Passé antérieur
j' eus plu
tu eus plu
il eut plu
ns eûmes plu
vs eûtes plu
ils eurent plu

Futur simple
je plairai
tu plairas
il plaira
ns plairons
vs plairez
ils plairont

Futur antérieur
j' aurai plu
tu auras plu
il aura plu
ns aurons plu
vs aurez plu
ils auront plu

SUBJONCTIF

Présent
que je plaise
que tu plaises
qu' il plaise
que ns plaisions
que vs plaisiez
qu' ils plaisent

Imparfait
que je plusse
que tu plusses
qu' il plût
que ns plussions
que vs plussiez
qu' ils plussent

Passé
que j' aie plu
que tu aies plu
qu' il ait plu
que ns ayons plu
que vs ayez plu
qu' ils aient plu

Plus-que-parfait
que j' eusse plu
que tu eusses plu
qu' il eût plu
que ns eussions plu
que vs eussiez plu
qu' ils eussent plu

CONDITIONNEL

Présent
je plairais
tu plairais
il plairait
ns plairions
vs plairiez
ils plairaient

Passé 1ʳᵉ forme
j' aurais plu
tu aurais plu
il aurait plu
ns aurions plu
vs auriez plu
ils auraient plu

Passé 2ᵉ forme
j' eusse plu
tu eusses plu
il eût plu
ns eussions plu
vs eussiez plu
ils eussent plu

IMPÉRATIF

Présent
plais   plaisons   plaisez

Passé
aie plu   ayons plu   ayez plu

INFINITIF

Présent
plaire

Passé
avoir plu

PARTICIPE

Présent
plaisant

Passé
plu

Passé composé
ayant plu

69 TRAIRE — 3e groupe

INDICATIF

Présent
je trais
tu trais
il trait
ns trayons
vs trayez
ils traient

Passé composé
j' ai trait
tu as trait
il a trait
ns avons trait
vs avez trait
ils ont trait

Imparfait
je trayais
tu trayais
il trayait
ns trayions
vs trayiez
ils trayaient

Plus-que-parfait
j' avais trait
tu avais trait
il avait trait
ns avions trait
vs aviez trait
ils avaient trait

Passé simple
inusité

Passé antérieur
j' eus trait
tu eus trait
il eut trait
ns eûmes trait
vs eûtes trait
ils eurent trait

Futur simple
je trairai
tu trairas
il traira
ns trairons
vs trairez
ils trairont

Futur antérieur
j' aurai trait
tu auras trait
il aura trait
ns aurons trait
vs aurez trait
ils auront trait

SUBJONCTIF

Présent
que je traie
que tu traies
qu' il traie
que ns trayions
que vs trayiez
qu' ils traient

Imparfait
inusité

Passé
que j' aie trait
que tu aies trait
qu' il ait trait
que ns ayons trait
que vs ayez trait
qu' ils aient trait

Plus-que-parfait
que j' eusse trait
que tu eusses trait
qu' il eût trait
que ns eussions trait
que vs eussiez trait
qu' ils eussent trait

CONDITIONNEL

Présent
je trairais
tu trairais
il trairait
ns trairions
vs trairiez
ils trairaient

Passé 1re forme
j' aurais trait
tu aurais trait
il aurait trait
ns aurions trait
vs auriez trait
ils auraient trait

Passé 2e forme
j' eusse trait
tu eusses trait
il eût trait
ns eussions trait
vs eussiez trait
ils eussent trait

IMPÉRATIF

Présent
trais   trayons   trayez

Passé
aie trait   ayons trait   ayez trait

INFINITIF

Présent
traire

Passé
avoir trait

PARTICIPE

Présent
trayant

Passé
trait, te

Passé composé
ayant trait

3ᵉ groupe — SUIVRE

INDICATIF

Présent
je suis
tu suis
il suit
ns suivons
vs suivez
ils suivent

Passé composé
j' ai suivi
tu as suivi
il a suivi
ns avons suivi
vs avez suivi
ils ont suivi

Imparfait
je suivais
tu suivais
il suivait
ns suivions
vs suiviez
ils suivaient

Plus-que-parfait
j' avais suivi
tu avais suivi
il avait suivi
ns avions suivi
vs aviez suivi
ils avaient suivi

Passé simple
je suivis
tu suivis
il suivit
ns suivîmes
vs suivîtes
ils suivirent

Passé antérieur
j' eus suivi
tu eus suivi
il eut suivi
ns eûmes suivi
vs eûtes suivi
ils eurent suivi

Futur simple
je suivrai
tu suivras
il suivra
ns suivrons
vs suivrez
ils suivront

Futur antérieur
j' aurai suivi
tu auras suivi
il aura suivi
ns aurons suivi
vs aurez suivi
ils auront suivi

SUBJONCTIF

Présent
que je suive
que tu suives
qu' il suive
que ns suivions
que vs suiviez
qu' ils suivent

Imparfait
que je suivisse
que tu suivisses
qu' il suivît
que ns suivissions
que vs suivissiez
qu' ils suivissent

Passé
que j' aie suivi
que tu aies suivi
qu' il ait suivi
que ns ayons suivi
que vs ayez suivi
qu' ils aient suivi

Plus-que-parfait
que j' eusse suivi
que tu eusses suivi
qu' il eût suivi
que ns eussions suivi
que vs eussiez suivi
qu' ils eussent suivi

CONDITIONNEL

Présent
je suivrais
tu suivrais
il suivrait
ns suivrions
vs suivriez
ils suivraient

Passé 1ʳᵉ forme
j' aurais suivi
tu aurais suivi
il aurait suivi
ns aurions suivi
vs auriez suivi
ils auraient suivi

Passé 2ᵉ forme
j' eusse suivi
tu eusses suivi
il eût suivi
ns eussions suivi
vs eussiez suivi
ils eussent suivi

IMPÉRATIF

Présent
suis   suivons   suivez

Passé
aie suivi   ayons suivi   ayez suivi

INFINITIF

Présent
suivre

Passé
avoir suivi

PARTICIPE

Présent
suivant

Passé
suivi, e

Passé composé
ayant suivi

71 VIVRE — 3e groupe

INDICATIF

Présent
je vis
tu vis
il vit
ns vivons
vs vivez
ils vivent

Passé composé
j' ai vécu
tu as vécu
il a vécu
ns avons vécu
vs avez vécu
ils ont vécu

Imparfait
je vivais
tu vivais
il vivait
ns vivions
vs viviez
ils vivaient

Plus-que-parfait
j' avais vécu
tu avais vécu
il avait vécu
ns avions vécu
vs aviez vécu
ils avaient vécu

Passé simple
je vécus
tu vécus
il vécut
ns vécûmes
vs vécûtes
ils vécurent

Passé antérieur
j' eus vécu
tu eus vécu
il eut vécu
ns eûmes vécu
vs eûtes vécu
ils eurent vécu

Futur simple
je vivrai
tu vivras
il vivra
ns vivrons
vs vivrez
ils vivront

Futur antérieur
j' aurai vécu
tu auras vécu
il aura vécu
ns aurons vécu
vs aurez vécu
ils auront vécu

SUBJONCTIF

Présent
que je vive
que tu vives
qu' il vive
que ns vivions
que vs viviez
qu' ils vivent

Imparfait
que je vécusse
que tu vécusses
qu' il vécût
que ns vécussions
que vs vécussiez
qu' ils vécussent

Passé
que j' aie vécu
que tu aies vécu
qu' il ait vécu
que ns ayons vécu
que vs ayez vécu
qu' ils aient vécu

Plus-que-parfait
que j' eusse vécu
que tu eusses vécu
qu' il eût vécu
que ns eussions vécu
que vs eussiez vécu
qu' ils eussent vécu

CONDITIONNEL

Présent
je vivrais
tu vivrais
il vivrait
ns vivrions
vs vivriez
ils vivraient

Passé 1re forme
j' aurais vécu
tu aurais vécu
il aurait vécu
ns aurions vécu
vs auriez vécu
ils auraient vécu

Passé 2e forme
j' eusse vécu
tu eusses vécu
il eût vécu
ns eussions vécu
vs eussiez vécu
ils eussent vécu

IMPÉRATIF

Présent
vis   vivons   vivez

Passé
aie vécu   ayons vécu   ayez vécu

INFINITIF

Présent
vivre

Passé
avoir vécu

PARTICIPE

Présent
vivant

Passé
vécu, e

Passé composé
ayant vécu

3e groupe — SUFFIRE

INDICATIF

Présent
je suffis
tu suffis
il suffit
ns suffisons
vs suffisez
ils suffisent

Passé composé
j' ai suffi
tu as suffi
il a suffi
ns avons suffi
vs avez suffi
ils ont suffi

Imparfait
je suffisais
tu suffisais
il suffisait
ns suffisions
vs suffisiez
ils suffisaient

Plus-que-parfait
j' avais suffi
tu avais suffi
il avait suffi
ns avions suffi
vs aviez suffi
ils avaient suffi

Passé simple
je suffis
tu suffis
il suffit
ns suffîmes
vs suffîtes
ils suffirent

Passé antérieur
j' eus suffi
tu eus suffi
il eut suffi
ns eûmes suffi
vs eûtes suffi
ils eurent suffi

Futur simple
je suffirai
tu suffiras
il suffira
ns suffirons
vs suffirez
ils suffiront

Futur antérieur
j' aurai suffi
tu auras suffi
il aura suffi
ns aurons suffi
vs aurez suffi
ils auront suffi

SUBJONCTIF

Présent
que je suffise
que tu suffises
qu' il suffise
que ns suffisions
que vs suffisiez
qu' ils suffisent

Imparfait
que je suffisse
que tu suffisses
qu' il suffît
que ns suffissions
que vs suffissiez
qu' ils suffissent

Passé
que j' aie suffi
que tu aies suffi
qu' il ait suffi
que ns ayons suffi
que vs ayez suffi
qu' ils aient suffi

Plus-que-parfait
que j' eusse suffi
que tu eusses suffi
qu' il eût suffi
que ns eussions suffi
que vs eussiez suffi
qu' ils eussent suffi

CONDITIONNEL

Présent
je suffirais
tu suffirais
il suffirait
ns suffirions
vs suffiriez
ils suffiraient

Passé 1re forme
j' aurais suffi
tu aurais suffi
il aurait suffi
ns aurions suffi
vs auriez suffi
ils auraient suffi

Passé 2e forme
j' eusse suffi
tu eusses suffi
il eût suffi
ns eussions suffi
vs eussiez suffi
ils eussent suffi

IMPÉRATIF

Présent
suffis   suffisons   suffisez

Passé
aie suffi   ayons suffi   ayez suffi

INFINITIF

Présent
suffire

Passé
avoir suffi

PARTICIPE

Présent
suffisant

Passé
suffi

Passé composé
ayant suffi

73 DIRE — 3e groupe

INDICATIF

Présent
je dis
tu dis
il dit
ns disons
vs dites
ils disent

Imparfait
je disais
tu disais
il disait
ns disions
vs disiez
ils disaient

Passé simple
je dis
tu dis
il dit
ns dîmes
vs dîtes
ils dirent

Futur simple
je dirai
tu diras
il dira
ns dirons
vs direz
ils diront

Passé composé
j' ai dit
tu as dit
il a dit
ns avons dit
vs avez dit
ils ont dit

Plus-que-parfait
j' avais dit
tu avais dit
il avait dit
ns avions dit
vs aviez dit
ils avaient dit

Passé antérieur
j' eus dit
tu eus dit
il eut dit
ns eûmes dit
vs eûtes dit
ils eurent dit

Futur antérieur
j' aurai dit
tu auras dit
il aura dit
ns aurons dit
vs aurez dit
ils auront dit

SUBJONCTIF

Présent
que je dise
que tu dises
qu' il dise
que ns disions
que vs disiez
qu' ils disent

Imparfait
que je disse
que tu disses
qu' il dît
que ns dissions
que vs dissiez
qu' ils dissent

Passé
que j' aie dit
que tu aies dit
qu' il ait dit
que ns ayons dit
que vs ayez dit
qu' ils aient dit

Plus-que-parfait
que j' eusse dit
que tu eusses dit
qu' il eût dit
que ns eussions dit
que vs eussiez dit
qu' ils eussent dit

CONDITIONNEL

Présent
je dirais
tu dirais
il dirait
ns dirions
vs diriez
ils diraient

Passé 1re forme
j' aurais dit
tu aurais dit
il aurait dit
ns aurions dit
vs auriez dit
ils auraient dit

Passé 2e forme
j' eusse dit
tu eusses dit
il eût dit
ns eussions dit
vs eussiez dit
ils eussent dit

IMPÉRATIF

Présent
dis   disons   dites

Passé
aie dit   ayons dit   ayez dit

INFINITIF

Présent
dire

Passé
avoir dit

PARTICIPE

Présent
disant

Passé
dit, te

Passé composé
ayant dit

3e groupe — MAUDIRE — 74

INDICATIF

Présent
je maudis
tu maudis
il maudit
ns maudissons
vs maudissez
ils maudissent

Imparfait
je maudissais
tu maudissais
il maudissait
ns maudissions
vs maudissiez
ils maudissaient

Passé simple
je maudis
tu maudis
il maudit
ns maudîmes
vs maudîtes
ils maudirent

Futur simple
je maudirai
tu maudiras
il maudira
ns maudirons
vs maudirez
ils maudiront

Passé composé
j' ai maudit
tu as maudit
il a maudit
ns avons maudit
vs avez maudit
ils ont maudit

Plus-que-parfait
j' avais maudit
tu avais maudit
il avait maudit
ns avions maudit
vs aviez maudit
ils avaient maudit

Passé antérieur
j' eus maudit
tu eus maudit
il eut maudit
ns eûmes maudit
vs eûtes maudit
ils eurent maudit

Futur antérieur
j' aurai maudit
tu auras maudit
il aura maudit
ns aurons maudit
vs aurez maudit
ils auront maudit

SUBJONCTIF

Présent
que je maudisse
que tu maudisses
qu' il maudisse
que ns maudissions
que vs maudissiez
qu' ils maudissent

Imparfait
que je maudisse
que tu maudisses
qu' il maudît
que ns maudissions
que vs maudissiez
qu' ils maudissent

Passé
que j' aie maudit
que tu aies maudit
qu' il ait maudit
que ns ayons maudit
que vs ayez maudit
qu' ils aient maudit

Plus-que-parfait
que j' eusse maudit
que tu eusses maudit
qu' il eût maudit
que ns eussions maudit
que vs eussiez maudit
qu' ils eussent maudit

CONDITIONNEL

Présent
je maudirais
tu maudirais
il maudirait
ns maudirions
vs maudiriez
ils maudiraient

Passé 1re forme
j' aurais maudit
tu aurais maudit
il aurait maudit
ns aurions maudit
vs auriez maudit
ils auraient maudit

Passé 2e forme
j' eusse maudit
tu eusses maudit
il eût maudit
ns eussions maudit
vs eussiez maudit
ils eussent maudit

IMPÉRATIF

Présent
maudis   maudissons   maudissez

Passé
aie maudit   ayons maudit   ayez maudit

INFINITIF

Présent
maudire

Passé
avoir maudit

PARTICIPE

Présent
maudissant

Passé
maudit, te

Passé composé
ayant maudit

75 LIRE — 3ᵉ groupe

INDICATIF

Présent
- je lis
- tu lis
- il lit
- ns lisons
- vs lisez
- ils lisent

Passé composé
- j' ai lu
- tu as lu
- il a lu
- ns avons lu
- vs avez lu
- ils ont lu

Imparfait
- je lisais
- tu lisais
- il lisait
- ns lisions
- vs lisiez
- ils lisaient

Plus-que-parfait
- j' avais lu
- tu avais lu
- il avait lu
- ns avions lu
- vs aviez lu
- ils avaient lu

Passé simple
- je lus
- tu lus
- il lut
- ns lûmes
- vs lûtes
- ils lurent

Passé antérieur
- j' eus lu
- tu eus lu
- il eut lu
- ns eûmes lu
- vs eûtes lu
- ils eurent lu

Futur simple
- je lirai
- tu liras
- il lira
- ns lirons
- vs lirez
- ils liront

Futur antérieur
- j' aurai lu
- tu auras lu
- il aura lu
- ns aurons lu
- vs aurez lu
- ils auront lu

SUBJONCTIF

Présent
- que je lise
- que tu lises
- qu' il lise
- que ns lisions
- que vs lisiez
- qu' ils lisent

Imparfait
- que je lusse
- que tu lusses
- qu' il lût
- que ns lussions
- que vs lussiez
- qu' ils lussent

Passé
- que j' aie lu
- que tu aies lu
- qu' il ait lu
- que ns ayons lu
- que vs ayez lu
- qu' ils aient lu

Plus-que-parfait
- que j' eusse lu
- que tu eusses lu
- qu' il eût lu
- que ns eussions lu
- que vs eussiez lu
- qu' ils eussent lu

CONDITIONNEL

Présent
- je lirais
- tu lirais
- il lirait
- ns lirions
- vs liriez
- ils liraient

Passé 1ʳᵉ forme
- j' aurais lu
- tu aurais lu
- il aurait lu
- ns aurions lu
- vs auriez lu
- ils auraient lu

Passé 2ᵉ forme
- j' eusse lu
- tu eusses lu
- il eût lu
- ns eussions lu
- vs eussiez lu
- ils eussent lu

IMPÉRATIF

Présent
- lis   lisons   lisez

Passé
- aie lu   ayons lu   ayez lu

INFINITIF

Présent: lire

Passé: avoir lu

PARTICIPE

Présent: lisant

Passé: lu, e

Passé composé: ayant lu

3ᵉ groupe — ÉCRIRE — 76

INDICATIF

Présent
j' écris
tu écris
il écrit
ns écrivons
vs écrivez
ils écrivent

Imparfait
j' écrivais
tu écrivais
il écrivait
ns écrivions
vs écriviez
ils écrivaient

Passé simple
j' écrivis
tu écrivis
il écrivit
ns écrivîmes
vs écrivîtes
ils écrivirent

Futur simple
j' écrirai
tu écriras
il écrira
ns écrirons
vs écrirez
ils écriront

Passé composé
j' ai écrit
tu as écrit
il a écrit
ns avons écrit
vs avez écrit
ils ont écrit

Plus-que-parfait
j' avais écrit
tu avais écrit
il avait écrit
ns avions écrit
vs aviez écrit
ils avaient écrit

Passé antérieur
j' eus écrit
tu eus écrit
il eut écrit
ns eûmes écrit
vs eûtes écrit
ils eurent écrit

Futur antérieur
j' aurai écrit
tu auras écrit
il aura écrit
ns aurons écrit
vs aurez écrit
ils auront écrit

SUBJONCTIF

Présent
que j' écrive
que tu écrives
qu' il écrive
que ns écrivions
que vs écriviez
qu' ils écrivent

Imparfait
que j' écrivisse
que tu écrivisses
qu' il écrivît
que ns écrivissions
que vs écrivissiez
qu' ils écrivissent

Passé
que j' aie écrit
que tu aies écrit
qu' il ait écrit
que ns ayons écrit
que vs ayez écrit
qu' ils aient écrit

Plus-que-parfait
que j' eusse écrit
que tu eusses écrit
qu' il eût écrit
que ns eussions écrit
que vs eussiez écrit
qu' ils eussent écrit

CONDITIONNEL

Présent
j' écrirais
tu écrirais
il écrirait
ns écririons
vs écririez
ils écriraient

Passé 1ʳᵉ forme
j' aurais écrit
tu aurais écrit
il aurait écrit
ns aurions écrit
vs auriez écrit
ils auraient écrit

Passé 2ᵉ forme
j' eusse écrit
tu eusses écrit
il eût écrit
ns eussions écrit
vs eussiez écrit
ils eussent écrit

IMPÉRATIF

Présent
écris   écrivons   écrivez

Passé
aie écrit   ayons écrit   ayez écrit

INFINITIF

Présent
écrire

Passé
avoir écrit

PARTICIPE

Présent
écrivant

Passé
écrit, te

Passé composé
ayant écrit

RIRE

3e groupe

INDICATIF

Présent
je ris
tu ris
il rit
ns rions
vs riez
ils rient

Passé composé
j' ai ri
tu as ri
il a ri
ns avons ri
vs avez ri
ils ont ri

Imparfait
je riais
tu riais
il riait
ns riions
vs riiez
ils riaient

Plus-que-parfait
j' avais ri
tu avais ri
il avait ri
ns avions ri
vs aviez ri
ils avaient ri

Passé simple
je ris
tu ris
il rit
ns rîmes
vs rîtes
ils rirent

Passé antérieur
j' eus ri
tu eus ri
il eut ri
ns eûmes ri
vs eûtes ri
ils eurent ri

Futur simple
je rirai
tu riras
il rira
ns rirons
vs rirez
ils riront

Futur antérieur
j' aurai ri
tu auras ri
il aura ri
ns aurons ri
vs aurez ri
ils auront ri

SUBJONCTIF

Présent
que je rie
que tu ries
qu' il rie
que ns riions
que vs riiez
qu' ils rient

Imparfait
que je risse
que tu risses
qu' il rît
que ns rissions
que vs rissiez
qu' ils rissent

Passé
que j' aie ri
que tu aies ri
qu' il ait ri
que ns ayons ri
que vs ayez ri
qu' ils aient ri

Plus-que-parfait
que j' eusse ri
que tu eusses ri
qu' il eût ri
que ns eussions ri
que vs eussiez ri
qu' ils eussent ri

CONDITIONNEL

Présent
je rirais
tu rirais
il rirait
ns ririons
vs ririez
ils riraient

Passé 1re forme
j' aurais ri
tu aurais ri
il aurait ri
ns aurions ri
vs auriez ri
ils auraient ri

Passé 2e forme
j' eusse ri
tu eusses ri
il eût ri
ns eussions ri
vs eussiez ri
ils eussent ri

IMPÉRATIF

Présent
ris   rions   riez

Passé
aie ri   ayons ri   ayez ri

INFINITIF

Présent
rire

Passé
avoir ri

PARTICIPE

Présent
riant

Passé
ri

Passé composé
ayant ri

CONDUIRE — 3ᵉ groupe — 78

INDICATIF

Présent
je conduis
tu conduis
il conduit
ns conduisons
vs conduisez
ils conduisent

Imparfait
je conduisais
tu conduisais
il conduisait
ns conduisions
vs conduisiez
ils conduisaient

Passé simple
je conduisis
tu conduisis
il conduisit
ns conduisîmes
vs conduisîtes
ils conduisirent

Futur simple
je conduirai
tu conduiras
il conduira
ns conduirons
vs conduirez
ils conduiront

Passé composé
j' ai conduit
tu as conduit
il a conduit
ns avons conduit
vs avez conduit
ils ont conduit

Plus-que-parfait
j' avais conduit
tu avais conduit
il avait conduit
ns avions conduit
vs aviez conduit
ils avaient conduit

Passé antérieur
j' eus conduit
tu eus conduit
il eut conduit
ns eûmes conduit
vs eûtes conduit
ils eurent conduit

Futur antérieur
j' aurai conduit
tu auras conduit
il aura conduit
ns aurons conduit
vs aurez conduit
ils auront conduit

SUBJONCTIF

Présent
que je conduise
que tu conduises
qu' il conduise
que ns conduisions
que vs conduisiez
qu' ils conduisent

Imparfait
que je conduisisse
que tu conduisisses
qu' il conduisît
que ns conduisissions
que vs conduisissiez
qu' ils conduisissent

Passé
que j' aie conduit
que tu aies conduit
qu' il ait conduit
que ns ayons conduit
que vs ayez conduit
qu' ils aient conduit

Plus-que-parfait
que j' eusse conduit
que tu eusses conduit
qu' il eût conduit
que ns eussions conduit
que vs eussiez conduit
qu' ils eussent conduit

CONDITIONNEL

Présent
je conduirais
tu conduirais
il conduirait
ns conduirions
vs conduiriez
ils conduiraient

Passé 1ʳᵉ forme
j' aurais conduit
tu aurais conduit
il aurait conduit
ns aurions conduit
vs auriez conduit
ils auraient conduit

Passé 2ᵉ forme
j' eusse conduit
tu eusses conduit
il eût conduit
ns eussions conduit
vs eussiez conduit
ils eussent conduit

IMPÉRATIF

Présent
conduis   conduisons   conduisez

Passé
aie conduit   ayons conduit   ayez conduit

INFINITIF

Présent
conduire

Passé
avoir conduit

PARTICIPE

Présent
conduisant

Passé
conduit, te

Passé composé
ayant conduit

79 BOIRE — 3ᵉ groupe

INDICATIF

Présent
je bois
tu bois
il boit
ns buvons
vs buvez
ils boivent

Passé composé
j' ai bu
tu as bu
il a bu
ns avons bu
vs avez bu
ils ont bu

Imparfait
je buvais
tu buvais
il buvait
ns buvions
vs buviez
ils buvaient

Plus-que-parfait
j' avais bu
tu avais bu
il avait bu
ns avions bu
vs aviez bu
ils avaient bu

Passé simple
je bus
tu bus
il but
ns bûmes
vs bûtes
ils burent

Passé antérieur
j' eus bu
tu eus bu
il eut bu
ns eûmes bu
vs eûtes bu
ils eurent bu

Futur simple
je boirai
tu boiras
il boira
ns boirons
vs boirez
ils boiront

Futur antérieur
j' aurai bu
tu auras bu
il aura bu
ns aurons bu
vs aurez bu
ils auront bu

SUBJONCTIF

Présent
que je boive
que tu boives
qu' il boive
que ns buvions
que vs buviez
qu' ils boivent

Imparfait
que je busse
que tu busses
qu' il bût
que ns bussions
que vs bussiez
qu' ils bussent

Passé
que j' aie bu
que tu aies bu
qu' il ait bu
que ns ayons bu
que vs ayez bu
qu' ils aient bu

Plus-que-parfait
que j' eusse bu
que tu eusses bu
qu' il eût bu
que ns eussions bu
que vs eussiez bu
qu' ils eussent bu

CONDITIONNEL

Présent
je boirais
tu boirais
il boirait
ns boirions
vs boiriez
ils boiraient

Passé 1ʳᵉ forme
j' aurais bu
tu aurais bu
il aurait bu
ns aurions bu
vs auriez bu
ils auraient bu

Passé 2ᵉ forme
j' eusse bu
tu eusses bu
il eût bu
ns eussions bu
vs eussiez bu
ils eussent bu

IMPÉRATIF

Présent
bois   buvons   buvez

Passé
aie bu   ayons bu   ayez bu

INFINITIF

Présent : boire
Passé : avoir bu

PARTICIPE

Présent : buvant
Passé : bu, e
Passé composé : ayant bu

3ᵉ groupe — CONCLURE — 80

INDICATIF

Présent
je conclus
tu conclus
il conclut
ns concluons
vs concluez
ils concluent

Passé composé
j' ai conclu
tu as conclu
il a conclu
ns avons conclu
vs avez conclu
ils ont conclu

Imparfait
je concluais
tu concluais
il concluait
ns concluions
vs concluiez
ils concluaient

Plus-que-parfait
j' avais conclu
tu avais conclu
il avait conclu
ns avions conclu
vs aviez conclu
ils avaient conclu

Passé simple
je conclus
tu conclus
il conclut
ns conclûmes
vs conclûtes
ils conclurent

Passé antérieur
j' eus conclu
tu eus conclu
il eut conclu
ns eûmes conclu
vs eûtes conclu
ils eurent conclu

Futur simple
je conclurai
tu concluras
il conclura
ns conclurons
vs conclurez
ils concluront

Futur antérieur
j' aurai conclu
tu auras conclu
il aura conclu
ns aurons conclu
vs aurez conclu
ils auront conclu

SUBJONCTIF

Présent
que je conclue
que tu conclues
qu' il conclue
que ns concluions
que vs concluiez
qu' ils concluent

Imparfait
que je conclusse
que tu conclusses
qu' il conclût
que ns conclussions
que vs conclussiez
qu' ils conclussent

Passé
que j' aie conclu
que tu aies conclu
qu' il ait conclu
que ns ayons conclu
que vs ayez conclu
qu' ils aient conclu

Plus-que-parfait
que j' eusse conclu
que tu eusses conclu
qu' il eût conclu
que ns eussions conclu
que vs eussiez conclu
qu' ils eussent conclu

CONDITIONNEL

Présent
je conclurais
tu conclurais
il conclurait
ns conclurions
vs concluriez
ils concluraient

Passé 1ʳᵉ forme
j' aurais conclu
tu aurais conclu
il aurait conclu
ns aurions conclu
vs auriez conclu
ils auraient conclu

Passé 2ᵉ forme
j' eusse conclu
tu eusses conclu
il eût conclu
ns eussions conclu
vs eussiez conclu
ils eussent conclu

IMPÉRATIF

Présent
conclus   concluons   concluez

Passé
aie conclu   ayons conclu   ayez conclu

INFINITIF

Présent
conclure

Passé
avoir conclu

PARTICIPE

Présent
concluant

Passé
conclu, e

Passé composé
ayant conclu

81 CLORE — 3ᵉ groupe

INDICATIF

Présent
- je clos
- tu clos
- il clôt
- *inusité*
- *inusité*
- ils closent

Passé composé
- j' ai clos
- tu as clos
- il a clos
- ns avons clos
- vs avez clos
- ils ont clos

Imparfait
- *inusité*

Plus-que-parfait
- j' avais clos
- tu avais clos
- il avait clos
- ns avions clos
- vs aviez clos
- ils avaient clos

Passé simple
- *inusité*

Passé antérieur
- j' eus clos
- tu eus clos
- il eut clos
- ns eûmes clos
- vs eûtes clos
- ils eurent clos

Futur simple
- je clorai
- tu cloras
- il clora
- ns clorons
- vs clorez
- ils cloront

Futur antérieur
- j' aurai clos
- tu auras clos
- il aura clos
- ns aurons clos
- vs aurez clos
- ils auront clos

SUBJONCTIF

Présent
- que je close
- que tu closes
- qu' il close
- que ns closions
- que vs closiez
- qu' ils closent

Imparfait
- *inusité*

Passé
- que j' aie clos
- que tu aies clos
- qu' il ait clos
- que ns ayons clos
- que vs ayez clos
- qu' ils aient clos

Plus-que-parfait
- que j' eusse clos
- que tu eusses clos
- qu' il eût clos
- que ns eussions clos
- que vs eussiez clos
- qu' ils eussent clos

CONDITIONNEL

Présent
- je clorais
- tu clorais
- il clorait
- ns clorions
- vs cloriez
- ils cloraient

Passé 1ʳᵉ forme
- j' aurais clos
- tu aurais clos
- il aurait clos
- ns aurions clos
- vs auriez clos
- ils auraient clos

Passé 2ᵉ forme
- j' eusse clos
- tu eusses clos
- il eût clos
- ns eussions clos
- vs eussiez clos
- ils eussent clos

IMPÉRATIF

Présent
- clos
- *inusité*

Passé
- aie clos
- ayons clos
- ayez clos

INFINITIF

Présent : clore
Passé : avoir clos

PARTICIPE

Présent : closant
Passé : clos, se
Passé composé : ayant clos

3ᵉ groupe — FAIRE — 82

INDICATIF

Présent
je fais
tu fais
il fait
ns faisons
vs faites
ils font

Passé composé
j' ai fait
tu as fait
il a fait
ns avons fait
vs avez fait
ils ont fait

Imparfait
je faisais
tu faisais
il faisait
ns faisions
vs faisiez
ils faisaient

Plus-que-parfait
j' avais fait
tu avais fait
il avait fait
ns avions fait
vs aviez fait
ils avaient fait

Passé simple
je fis
tu fis
il fit
ns fîmes
vs fîtes
ils firent

Passé antérieur
j' eus fait
tu eus fait
il eut fait
ns eûmes fait
vs eûtes fait
ils eurent fait

Futur simple
je ferai
tu feras
il fera
ns ferons
vs ferez
ils feront

Futur antérieur
j' aurai fait
tu auras fait
il aura fait
ns aurons fait
vs aurez fait
ils auront fait

SUBJONCTIF

Présent
que je fasse
que tu fasses
qu' il fasse
que ns fassions
que vs fassiez
qu' ils fassent

Imparfait
que je fisse
que tu fisses
qu' il fît
que ns fissions
que vs fissiez
qu' ils fissent

Passé
que j' aie fait
que tu aies fait
qu' il ait fait
que ns ayons fait
que vs ayez fait
qu' ils aient fait

Plus-que-parfait
que j' eusse fait
que tu eusses fait
qu' il eût fait
que ns eussions fait
que vs eussiez fait
qu' ils eussent fait

CONDITIONNEL

Présent
je ferais
tu ferais
il ferait
ns ferions
vs feriez
ils feraient

Passé 1ʳᵉ forme
j' aurais fait
tu aurais fait
il aurait fait
ns aurions fait
vs auriez fait
ils auraient fait

Passé 2ᵉ forme
j' eusse fait
tu eusses fait
il eût fait
ns eussions fait
vs eussiez fait
ils eussent fait

IMPÉRATIF

Présent
fais   faisons   faites

Passé
aie fait   ayons fait   ayez fait

INFINITIF

Présent
faire

Passé
avoir fait

PARTICIPE

Présent
faisant

Passé
fait, te

Passé composé
ayant fait

83 ALLER — 3ᵉ groupe

INDICATIF

Présent
je vais
tu vas
il va
ns allons
vs allez
ils vont

Passé composé
je suis allé
tu es allé
il est allé
ns sommes allés
vs êtes allés
ils sont allés

Imparfait
j' allais
tu allais
il allait
ns allions
vs alliez
ils allaient

Plus-que-parfait
j' étais allé
tu étais allé
il était allé
ns étions allés
vs étiez allés
ils étaient allés

Passé simple
j' allai
tu allas
il alla
ns allâmes
vs allâtes
ils allèrent

Passé antérieur
je fus allé
tu fus allé
il fut allé
ns fûmes allés
vs fûtes allés
ils furent allés

Futur simple
j' irai
tu iras
il ira
ns irons
vs irez
ils iront

Futur antérieur
je serai allé
tu seras allé
il sera allé
ns serons allés
vs serez allés
ils seront allés

SUBJONCTIF

Présent
que j' aille
que tu ailles
qu' il aille
que ns allions
que vs alliez
qu' ils aillent

Imparfait
que j' allasse
que tu allasses
qu' il allât
que ns allassions
que vs allassiez
qu' ils allassent

Passé
que je sois allé
que tu sois allé
qu' il soit allé
que ns soyons allés
que vs soyez allés
qu' ils soient allés

Plus-que-parfait
que je fusse allé
que tu fusses allé
qu' il fût allé
que ns fussions allés
que vs fussiez allés
qu' ils fussent allés

CONDITIONNEL

Présent
j' irais
tu irais
il irait
ns irions
vs iriez
ils iraient

Passé 1ʳᵉ forme
je serais allé
tu serais allé
il serait allé
ns serions allés
vs seriez allés
ils seraient allés

Passé 2ᵉ forme
je fusse allé
tu fusses allé
il fût allé
ns fussions allés
vs fussiez allés
ils fussent allés

IMPÉRATIF

Présent
va   allons   allez

Passé
sois allé   soyons allés   soyez allés

INFINITIF

Présent
aller

Passé
être allé

PARTICIPE

Présent
allant

Passé
allé, e

Passé composé
étant allé

INDEX DES VERBES

Les nombres indiqués ici en couleur correspondent aux numéros des tableaux de conjugaison types. Les verbes en gras sont les verbes modèles.

A

abaisser	3
abandonner	3
abasourdir	20
abâtardir	20
abattre	62
abcéder (s')	9
abdiquer	3
abêtir	20
abhorrer	3
abîmer	3
abjurer	3
abolir	20
abominer	3
abonder	3
abonner	3
abonnir	20
aborder	3
aboucher	3
abouler	3
abouter	3
aboutir	20
aboyer	18
abraser	3
abréger	10
abreuver	3
abriter	3
abroger	7
abrutir	20
absenter (s')	3
absorber	3
absoudre	57
abstenir (s')	27
abstraire	69
abuser	3
acagnarder (s')	3
accabler	3
accaparer	3
accastiller	3
accéder	9
accélérer	9
accentuer	3
accepter	3
accessoiriser	3
accidenter	3
acclamer	3
acclimater	3
accointer (s')	3
accoler	3
accommoder	3
accompagner	3
accomplir	20
accorder	3
accoster	3
accoter	3
accoucher	3
accouder (s')	3
accoupler	3
accourir	25
accoutrer	3
accoutumer	3
accréditer	3
accrocher	3
accroire	67
accroître	66
accroupir (s')	20
accueillir	30
acculer	3
acculturer	3
accumuler	3
accuser	3
acérer	9
acétifier	4
achalander	3
acharner (s')	3
acheminer	3
acheter	**15**
achever	11
achopper	3
achromatiser	3
acidifier	4
aciduler	3
aciérer	9
acoquiner (s')	3
acquérir	**28**
acquiescer	6
acquitter	3
acter	3
actionner	3
activer	3
actualiser	3
adapter	3
additionner	3
adhérer	9
adjectiver	3
adjoindre	56
adjuger	7
adjurer	3
admettre	63
administrer	3
admirer	3
admonester	3
adonner (s')	3
adopter	3
adorer	3
adosser	3
adouber	3
adoucir	20
adresser	3
adsorber	3

INDEX DES VERBES

aduler	3	agencer	6	ajuster	3
adultérer	9	agenouiller (s')	3	alanguir	20
advenir	27	agglomérer	9	alarmer	3
aérer	9	agglutiner	3	alcaliniser	3
affabuler	3	aggraver	3	alcaliser	3
affadir	20	agioter	3	alcooliser	3
affaiblir	20	agir	20	alerter	3
affairer (s')	3	agiter	3	aléser	9
affaisser	3	agneler	12	aleviner	3
affaler	3	agonir	20	aliéner	9
affamer	3	agoniser	3	aligner	3
affecter	3	agrafer	3	alimenter	3
affectionner	3	agrandir	20	aliter	3
affermer	3	agréer	5	allaiter	3
affermir	20	agréger	10	allécher	9
afficher	3	agrémenter	3	alléger	10
affiler	3	agresser	3	allégoriser	3
affilier	4	agriffer (s')	3	alléguer	9
affiner	3	agripper	3	**aller**	83
affirmer	3	aguerrir	20	allier	4
affleurer	3	aguicher	3	allonger	7
affliger	7	ahaner	3	allouer	3
afflouer	3	ahurir	20	allumer	3
affluer	3	aicher	3	alluvionner	3
affoler	3	aider	3	alourdir	20
affouiller	3	aigrir	20	alpaguer	8
affour(r)ager	7	aiguiller	3	alphabétiser	3
affourcher	3	aiguilleter	14	altérer	9
affranchir	20	aiguillonner	3	alterner	3
affréter	9	aiguiser	3	aluminer	3
affriander	3	ailler	3	aluner	3
affrioler	3	aimanter	3	alunir	20
affronter	3	aimer	3	amadouer	3
affubler	3	airer	3	amaigrir	20
affurer	3	ajointer	3	amalgamer	3
affûter	3	ajourer	3	amariner	3
africaniser	3	ajourner	3	amarrer	3
agacer	6	ajouter	3	amasser	3

INDEX DES VERBES

ambitionner	3	animaliser	3	appliquer	3
ambler	3	animer	3	appointer	3
ambrer	3	ankyloser	3	apponter	3
améliorer	3	anneler	12	apporter	3
aménager	7	annexer	3	apposer	3
amender	3	annihiler	3	apprécier	4
amener	11	annoncer	6	appréhender	3
amenuiser	3	annoter	3	apprendre	53
américaniser	3	annualiser	3	apprêter	3
amerrir	20	annuler	3	apprivoiser	3
ameublir	20	anoblir	20	approcher	3
ameuter	3	anodiser	3	approfondir	20
amidonner	3	ânonner	3	approprier (s')	4
amincir	20	anonymiser	3	approuver	3
amnistier	4	anordir	20	approvisionner	3
amocher	3	antéposer	3	appuyer	17
amodier	4	anticiper	3	apurer	3
amoindrir	20	antidater	3	arabiser	3
amollir	20	apaiser	3	araser	3
amonceler	12	apercevoir	36	arbitrer	3
amorcer	6	apeurer	3	arborer	3
amortir	20	apiquer	3	arboriser	3
amouracher (s')	3	apitoyer	18	arc-bouter	3
amplifier	4	aplanir	20	architecturer	3
amputer	3	aplatir	20	archiver	3
amuïr (s')	20	apostasier	4	argenter	3
amurer	3	apostiller	3	arguer	8
amuser	3	apostropher	3	argumenter	3
analyser	3	apparaître	64	ariser	3
anastomoser	3	appareiller	3	armer	3
anathématiser	3	apparenter (s')	3	armorier	4
ancrer	3	apparier	4	arnaquer	3
anéantir	20	appartenir	27	aromatiser	3
anémier	4	appâter	3	arpéger	10
anesthésier	4	appauvrir	20	arpenter	3
anglaiser	3	**appeler**	12	arquer	3
angliciser	3	appendre	52	arracher	3
angoisser	3	appesantir	20	arraisonner	3
anhéler	9	applaudir	20	arranger	7

INDEX DES VERBES

arrenter	3
arrérager	7
arrêter	3
arrimer	3
arriser	3
arriver	3
arroger (s')	7
arrondir	20
arroser	3
arsouiller (s')	3
articuler	3
ascensionner	3
aseptiser	3
asperger	7
asphalter	3
asphyxier	4
aspirer	3
assagir	20
assaillir	31
assainir	20
assaisonner	3
assassiner	3
assécher	9
assembler	3
assener	11
asséner	9
asseoir	40
assermenter	3
asservir	20
assiéger	10
assigner	3
assimiler	3
assister	3
associer	4
assoiffer	3
assoler	3
assombrir	20
assommer	3

assortir	20
assoupir	20
assouplir	20
assourdir	20
assouvir	20
assujettir	20
assumer	3
assurer	3
asticoter	3
astiquer	3
astreindre	55
atermoyer	18
atomiser	3
atrophier	4
attabler (s')	3
attacher	3
attaquer	3
attarder (s')	3
atteindre	55
atteler	12
attendre	52
attendrir	20
attenter	3
atténuer	3
atterrer	3
atterrir	20
attester	3
attiédir	20
attifer	3
attiger	7
attirer	3
attiser	3
attraper	3
attribuer	3
attrister	3
attrouper	3
auditer	3
auditionner	3

augmenter	3
augurer	3
auner	3
auréoler	3
aurifier	4
ausculter	3
authentifier	4
authentiquer	3
autocensurer (s')	3
autodéterminer (s')	3
autodétruire (s')	78
autofinancer (s')	6
autographier	4
autoguider	3
automatiser	3
autopsier	4
autoriser	3
avachir	20
avaler	3
avaliser	3
avancer	6
avantager	7
avarier	4
aventurer	3
avérer	9
avertir	20
aveugler	3
aveulir	20
avilir	20
aviner	3
aviser	3
avitailler	3
aviver	3
avoir	1
avoisiner	3
avorter	3
avouer	3
avoyer	18

INDEX DES VERBES

axer	3	banaliser	3	**battre**	**62**
axiomatiser	3	bananer	3	bavarder	3
azurer	3	bancher	3	bavasser	3

B

babiller	3	bander	3	baver	3
bâcher	3	banner	3	bavocher	3
bachoter	3	bannir	20	bayer	3
bâcler	3	banquer	3	bazarder	3
badauder	3	banqueter	14	béatifier	4
bader	3	baptiser	3	bêcher	3
badger	7	baquer (se)	3	bêcheveter	14
badigeonner	3	baragouiner	3	bécoter	3
badiner	3	baraquer	3	becqueter	14
bafouer	3	baratiner	3	becter	3
bafouiller	3	baratter	3	bedonner	3
bâfrer	3	barber	3	béer	5
bagarrer	3	barbifier	4	bégayer	16
baguenauder	3	barboter	3	bégueter	14
baguer	8	barbouiller	3	bêler	3
baigner	3	barder	3	bémoliser	3
bailler	3	barguigner	3	bénéficier	4
bâiller	3	barioler	3	bénir	20
bâillonner	3	baronner	3	béqueter	14
baiser	3	barouder	3	béquiller	3
baisoter	3	barrer	3	bercer	6
baisser	3	barricader	3	berner	3
balader	3	barrir	20	besogner	3
balafrer	3	basaner	3	bêtifier	4
balancer	6	basculer	3	bétonner	3
balayer	16	baser	3	beugler	3
balbutier	4	bassiner	3	beurrer	3
baliser	3	baster	3	biaiser	3
balkaniser	3	bastillonner	3	biberonner	3
ballaster	3	bastonner	3	bicher	3
ballonner	3	batailler	3	bichonner	3
ballotter	3	bateler	12	bidonner (se)	3
bambocher	3	bâter	3	bidouiller	3
		batifoler	3	bienvenir	27
		bâtir	20	biffer	3
		bâtonner	3	bifurquer	3

INDEX DES VERBES

bigarrer	3	
bigler	3	
bigophoner	3	
bigorner	3	
biler (se)	3	
billebauder	3	
billonner	3	
biloquer	3	
biner	3	
biologiser	3	
biper	3	
biscuiter	3	
biseauter	3	
biser	3	
bisquer	3	
bisser	3	
bistourner	3	
bistrer	3	
bit(t)er	3	
bitumer	3	
bit(t)urer (se)	3	
bivouaquer	3	
bizuter	3	
blackbouler	3	
blaguer	8	
blairer	3	
blâmer	3	
blanchir	20	
blaser	3	
blasonner	3	
blasphémer	9	
blatérer	9	
blêmir	20	
bléser	9	
blesser	3	
blettir	20	
bleuir	20	
blinder	3	
blondir	20
blondoyer	18
bloquer	3
blottir (se)	20
blouser	3
bluffer	3
bluter	3
bobiner	3
bocarder	3
boire	79
boiser	3
boiter	3
boitiller	3
bombarder	3
bomber	3
bondir	20
bondonner	3
bonifier	4
bonimenter	3
bonir	20
bordéliser	3
border	3
bordurer	3
borner	3
bornoyer	18
bosseler	12
bosser	3
bossuer	3
bostonner	3
botaniser	3
botteler	12
botter	3
boubouler	3
boucaner	3
boucharder	3
boucher	3
bouchonner	3
boucler	3
bouder	3
boudiner	3
bouffer	3
bouffir	20
bouffonner	3
bouger	7
bougonner	3
bouillir	24
bouillonner	3
bouillotter	3
boulanger	7
bouler	3
bouleverser	3
boulocher	3
boulonner	3
boulotter	3
boumer	3
bouquiner	3
bourdonner	3
bourgeonner	3
bourlinguer	8
bourreler	12
bourrer	3
boursicoter	3
boursoufler	3
bousculer	3
bousiller	3
bouter	3
boutonner	3
bouturer	3
boxer	3
boyauter (se)	3
boycotter	3
braconner	3
brader	3
brailler	3
braire	69
braiser	3

INDEX DES VERBES

bramer	3	bronzer	3	cacher	3
brancarder	3	brosser	3	cacheter	14
brancher	3	brouetter	3	cachetonner	3
brandiller	3	brouillasser	3	cadancher	3
brandir	20	brouiller	3	cadastrer	3
branler	3	brouter	3	cadenasser	3
braquer	3	broyer	18	cadencer	6
braser	3	bruiner	3	cadrer	3
brasiller	3	bruire	20	cafarder	3
brasser	3	bruisser	3	cafouiller	3
brasseyer	3	bruiter	3	cafter	3
braver	3	brûler	3	cahoter	3
brayer	16	brunir	20	caillasser	3
bredouiller	3	brusquer	3	caillebotter	3
brêler	3	brutaliser	3	cailler	3
brésiller	3	bûcher	3	caillouter	3
bretteler	12	bûcheronner	3	cajoler	3
breveter	14	budgéter	9	calaminer (se)	3
bricoler	3	budgétiser	3	calamistrer	3
brider	3	buller	3	calancher	3
bridger	7	bureaucratiser	3	calandrer	3
briefer	3	buriner	3	calcifier	4
brigander	3	buser	3	calciner	3
briguer	8	busquer	3	calculer	3
brillanter	3	buter	3	caler	3
brillantiner	3	butiner	3	calfater	3
briller	3	butter	3	calfeutrer	3
brimbaler	3			calibrer	3
brimer	3	**C**		câliner	3
brinquebaler	3			calligraphier	4
briquer	3	cabaner	3	calmer	3
briqueter	14	câbler	3	calmir	20
briser	3	cabosser	3	calomnier	4
brocanter	3	caboter	3	calorifuger	7
brocarder	3	cabotiner	3	calotter	3
brocher	3	cabrer	3	calquer	3
broder	3	cabrioler	3	calter	3
bromer	3	cacaber	3	cambrer	3
broncher	3	cacarder	3	cambrioler	3

INDEX DES VERBES

camer (se) 3	caractériser 3	catastropher ... 3
camionner 3	caramboler 3	catcher 3
camoufler 3	caraméliser 3	catéchiser 3
camper 3	carapater (se) .. 3	catégoriser 3
canaliser 3	carbonater 3	catir 20
canarder 3	carboniser 3	cauchemarder .. 3
cancaner 3	carburer 3	causaliser 3
cancériser (se) .. 3	carcailler 3	causer 3
candidater 3	carder 3	cautériser 3
candir 20	carencer 6	cautionner 3
caner 3	caréner 9	cavalcader 3
canneler 12	caresser 3	cavaler 3
canner 3	carguer 8	caver 3
cannibaliser 3	caricaturer 3	caviarder 3
canoniser 3	carier 4	**céder** 9
canonner 3	carillonner 3	ceindre 55
canoter 3	carnifier 4	ceinturer 3
cantiner 3	carotter 3	célébrer 9
cantonner 3	carreler 12	celer 13
canuler 3	carrer 3	cémenter 3
caoutchouter .. 3	carrosser 3	cendrer 3
caparaçonner .. 3	carroyer 18	censurer 3
capeler 12	cartelliser 3	centraliser 3
capeyer 3	carter 3	centrer 3
capitaliser 3	cartographier .. 4	centrifuger 7
capitonner 3	cartonner 3	centupler 3
capituler 3	cascader 3	cercler 3
caponner 3	caséifier 4	cerner 3
caporaliser 3	caser 3	certifier 4
capoter 3	caserner 3	césariser 3
capsuler 3	casquer 3	cesser 3
capter 3	casse-croûter ... 3	chabler 3
captiver 3	casser 3	chagriner 3
capturer 3	castagner (se) .. 3	chahuter 3
capuchonner ... 3	castrer 3	chaîner 3
caquer 3	cataloguer 8	challenger 7
caqueter 14	catalyser 3	chalouper 3
caracoler 3	catapulter 3	chaluter 3

INDEX DES VERBES

chamailler (se)	3	chauffer	3	chopiner	3
chamarrer	3	chauler	3	chopper	3
chambarder	3	chaumer	3	choquer	3
chambouler	3	chausser	3	chorégraphier	4
chambrer	3	chauvir	20	chosifier	4
chamoiser	3	chavirer	3	chouchouter	3
champagniser	3	cheminer	3	chougner	3
champlever	11	chemiser	3	chouiner	3
chanceler	12	chercher	3	chouraver	3
chancir	20	chérir	20	choyer	18
chanfreiner	3	cherrer	3	christianiser	3
changer	7	chevaler	3	chromer	3
chansonner	3	chevaucher	3	chroniquer	3
chanter	3	cheviller	3	chronométrer	9
chantonner	3	chevreter	14	chuchoter	3
chantourner	3	chevronner	3	chuinter	3
chaparder	3	chevroter	3	chuter	3
chapeauter	3	chiader	3	cibler	3
chapeler	12	chialer	3	cicatriser	3
chaperonner	3	chicaner	3	ciller	3
chapitrer	3	chicoter	3	cimenter	3
chaponner	3	chienner	3	cinématographier	4
chaptaliser	3	chier	4	cingler	3
charbonner	3	chiffonner	3	cintrer	3
charcuter	3	chiffrer	3	circoncire	72
charger	7	chigner	3	circonscrire	76
charmer	3	chiner	3	circonstancier	4
charpenter	3	chinoiser	3	circonvenir	27
charrier	4	chiper	3	circulariser	3
charroyer	18	chipoter	3	circuler	3
chartériser	3	chiquer	3	cirer	3
chasser	3	chlinguer	8	cisailler	3
châtaigner	3	chlorer	3	ciseler	13
châtier	4	chloroformer	3	citer	3
chatonner	3	chlorurer	3	civiliser	3
chatouiller	3	choir	51	clabauder	3
chatoyer	18	choisir	20	claboter	3
châtrer	3	chômer	3	claironner	3
chatter	3	choper	3	clamecer	3

INDEX DES VERBES

clamer **3**	coasser **3**	coltiner **3**
clamper **3**	cocher **3**	combattre **62**
clamser **3**	côcher **3**	combiner **3**
clapoter **3**	cochonner **3**	combler **3**
clapper **3**	cocooner **3**	commander ... **3**
claquemurer ... **3**	cocot(t)er **3**	commanditer .. **3**
claquer **3**	cocufier **4**	commémorer .. **3**
claqueter **14**	coder **3**	commencer ... **6**
clarifier **4**	codifier **4**	commenter **3**
classer **3**	coéditer **3**	commercer **6**
classifier **4**	coexister **3**	commercialiser .. **3**
claudiquer **3**	coffrer **3**	commettre **63**
claustrer **3**	cogiter **3**	commissionner .. **3**
claveter **14**	cogner **3**	commotionner .. **3**
clayonner **3**	cohabiter **3**	commuer **3**
cléricaliser **3**	cohériter **3**	communaliser .. **3**
cligner **3**	coiffer **3**	communautariser **3**
clignoter **3**	coincer **6**	communier **4**
climatiser **3**	coincher **3**	communiquer .. **3**
cliquer **3**	coïncider **3**	commuter **3**
cliqueter **14**	coïter **3**	compacter **3**
clisser **3**	cokéfier **4**	comparaître **64**
cliver **3**	collaborer **3**	comparer **3**
clochardiser ... **3**	collapser **3**	compartimenter **3**
clocher **3**	collationner **3**	compasser **3**
cloisonner **3**	collecter **3**	compatir **20**
cloîtrer **3**	collectionner ... **3**	compenser **3**
cloner **3**	collectiviser **3**	compéter **9**
cloper **3**	coller **3**	compiler **3**
clopiner **3**	colleter (se) **14**	compisser **3**
cloquer **3**	colliger **7**	complaire **68**
clore **81**	colloquer **3**	compléter **9**
clôturer **3**	colmater **3**	complexer **3**
clouer **3**	coloniser **3**	complexifier ... **4**
clouter **3**	colorer **3**	complimenter .. **3**
coacher **3**	colorier **4**	compliquer **3**
coaguler **3**	coloriser **3**	comploter **3**
coaliser **3**	colporter **3**	comporter **3**

INDEX DES VERBES

composer	3	confisquer	3	constituer	3
composter	3	confluer	3	constitutionnaliser	3
comprendre	53	confondre	52	construire	78
compresser	3	conformer	3	consulter	3
comprimer	3	conforter	3	consumer	3
compromettre	63	confronter	3	contacter	3
comptabiliser	3	congédier	4	contaminer	3
compter	3	congeler	13	contempler	3
compulser	3	congestionner	3	conteneuriser	3
concasser	3	conglomérer	9	contenir	27
concéder	9	congluter	3	contenter	3
concélébrer	9	congratuler	3	conter	3
concentrer	3	congréer	5	contester	3
conceptualiser	3	conjecturer	3	contextualiser	3
concerner	3	conjoindre	56	contingenter	3
concerter	3	conjuguer	8	continuer	3
concevoir	36	conjurer	3	contorsionner (se)	3
concilier	4	**connaître**	64	contourner	3
conclure	80	connecter	3	contracter	3
concocter	3	connoter	3	contractualiser	3
concorder	3	conquérir	28	contracturer	3
concourir	25	consacrer	3	contraindre	54
concréter	9	conscientiser	3	contrarier	4
concrétiser	3	conseiller	3	contraster	3
concurrencer	6	consentir	22	contre-attaquer	3
condamner	3	conserver	3	contrebalancer	6
condenser	3	considérer	9	contrebraquer	3
condescendre	52	consigner	3	contrebuter	3
conditionner	3	consister	3	contrecarrer	3
conduire	78	consoler	3	contrecoller	3
confectionner	3	consolider	3	contredire	73
confédérer	9	consommer	3	contrefaire	82
conférer	9	consoner	3	contreficher (se)	3
confesser	3	conspirer	3	contrefoutre (se)	62
confier	4	conspuer	3	contre-indiquer	3
configurer	3	constater	3	contre-manifester	3
confiner	3	consteller	3	contre-passer	3
confire	72	consterner	3	contre-plaquer	3
confirmer	3	constiper	3	contrer	3

INDEX DES VERBES

contresigner ...	3
contrevenir	27
contreventer ...	3
contribuer	3
contrister	3
contrôler	3
controverser ...	3
contusionner ...	3
convaincre	61
convenir	27
conventionner ..	3
converger	7
converser	3
convertir	20
convier	4
convivialiser	3
convoiter	3
convoler	3
convoquer	3
convoyer	18
convulser	3
convulsionner ..	3
coopérer	9
coopter	3
coordonner	3
copartager	7
coparticiper	3
copermuter	3
copier	4
copiner	3
coposséder	9
coprésider	3
coproduire	78
copuler	3
coqueter	14
cordeler	12
corder	3
cordonner	3
cornaquer	3
corner	3
correctionnaliser	3
corréler	9
correspondre ...	52
corriger	7
corroborer	3
corroder	3
corrompre	60
corroyer	18
corser	3
corseter	15
cosigner	3
costumer	3
coter	3
cotir	20
cotiser	3
cotonner (se) ..	3
côtoyer	18
couchailler	3
coucher	3
couder	3
coudoyer	18
coudre	58
couillonner	3
couiner	3
couler	3
coulisser	3
coupailler	3
coupeller	3
couper	3
coupler	3
courailler	3
courbaturer	3
courber	3
courir	25
couronner	3
courroucer	6
courser	3
courtauder	3
court-circuiter ..	3
courtiser	3
cousiner	3
coûter	3
couver	3
couvrir	29
craboter	3
cracher	3
crachiner	3
crachoter	3
crailler	3
craindre	54
cramer	3
cramponner	3
crâner	3
cranter	3
crapahuter	3
crapuler	3
craqueler	12
craquer	3
craqueter	14
crasher (se)	3
cravacher	3
cravater	3
crawler	3
crayonner	3
crécher	9
crédibiliser	3
créditer	3
créer	5
crémer	9
créneler	12
créoliser (se) ...	3
crêper	3
crépir	20
crépiter	3

INDEX DES VERBES

crétiniser	3	culminer	3	débaptiser	3
creuser	3	culotter	3	débarbouiller	3
crevasser	3	culpabiliser	3	débarder	3
crever	11	cultiver	3	débarquer	3
criailler	3	cumuler	3	débarrasser	3
cribler	3	curer	3	débâter	3
crier	**4**	cureter	14	débâtir	20
criminaliser	3	cuveler	12	débattre	62
criquer	3	cuver	3	débaucher	3
crisper	3	cyanoser	3	débecqueter	14
crisser	3	cyanurer	3	débecter	3
cristalliser	3	cylindrer	3	débiliter	3
criticailler	3			débillarder	3
critiquer	3	**D**		débiner	3
croasser	3			débiter	3
crocher	3	dactylographier	4	déblatérer	9
crocheter	15	daguer	8	déblayer	16
croire	**67**	daigner	3	débloquer	8
croiser	3	daller	3	débobiner	3
croître	**66**	damasquiner	3	déboguer	3
croquer	3	damasser	3	déboiser	3
crosser	3	damer	3	déboîter	3
crotter	3	damner	3	débonder	3
crouler	3	dandiner	3	déborder	3
croupir	20	danser	3	débosseler	12
croustiller	3	dansot(t)er	3	débotter	3
croûter	3	darder	3	déboucher	3
crucifier	4	dater	3	déboucler	3
crypter	3	dauber	3	débouler	3
cryptographier	4	dealer	3	déboulonner	3
cuber	3	déambuler	3	débouquer	3
cueillir	**30**	débâcher	3	débourber	3
cuirasser	3	débâcler	3	débourrer	3
cuire	78	débagouler	3	débourser	3
cuisiner	3	débâillonner	3	déboussoler	3
cuiter (se)	3	déballer	3	débouter	3
cuivrer	3	déballonner (se)	3	déboutonner	3
culbuter	3	débanaliser	3	débrailler (se)	3
culer	3	débander	3	débrancher	3

INDEX DES VERBES

débrayer	16	décaver	3	déclore	81
débrider	3	décéder	9	déclouer	3
débrocher	3	déceler	13	décocher	3
débronzer	3	décélérer	9	décoder	3
débrouiller	3	décentraliser	3	décoffrer	3
débroussailler	3	décentrer	3	décoiffer	3
débucher	3	décercler	3	décoincer	6
débudgétiser	3	décérébrer	9	décolérer	9
débureaucratiser	3	décerner	3	décollectiviser	3
débusquer	3	décerveler	12	décoller	3
débuter	3	décevoir	36	décolleter	14
décacheter	14	déchaîner	3	décoloniser	3
décadenasser	3	déchanter	3	décolorer	3
décaféiner	3	décharger	7	décommander	3
décaisser	3	décharner	3	décompenser	3
décalaminer	3	déchaumer	3	décomplexer	3
décalcifier	4	déchausser	3	décomposer	3
décaler	3	déchiffonner	3	décompresser	3
décalotter	3	déchiffrer	3	décomprimer	3
décalquer	3	déchiqueter	14	décompter	3
décamper	3	déchirer	3	déconcentrer	3
décaniller	3	déchlorurer	3	déconcerter	3
décanter	3	**déchoir**	51	déconditionner	3
décapeler	12	déchristianiser	3	déconfire	72
décaper	3	décider	3	décongeler	13
décapitaliser	3	décimaliser	3	décongestionner	3
décapiter	3	décimer	3	déconnecter	3
décapoter	3	décintrer	3	déconner	3
décapsuler	3	déclamer	3	déconseiller	3
décapuchonner	3	déclarer	3	déconsidérer	9
décarbonater	3	déclasser	3	déconsigner	3
décarburer	3	déclassifier	4	déconstruire	78
décarcasser (se)	3	déclaveter	14	décontaminer	3
décarreler	12	déclencher	3	décontenancer	6
décarrer	3	décléricaliser	3	décontextualiser	3
décatir	20	décliner	3	décontracter	3
décauser	3	décliqueter	14	déconventionner	3
décavaillonner	3	décloisonner	3	décorder	3

INDEX DES VERBES

décorer	3	dédire	73	défoncer	6
décorner	3	dédommager	7	déforcer	6
décortiquer	3	dédorer	3	déforester	3
découcher	3	dédouaner	3	déformer	3
découdre	58	dédoubler	3	défouler (se)	3
découler	3	dédramatiser	3	défourailler	3
découper	3	déduire	78	défourner	3
découpler	3	défaillir	31	défraîchir	20
décourager	7	défaire	82	défrayer	16
découronner	3	défalquer	3	défricher	3
découvrir	29	défarder	3	défriper	3
décramponner	3	défatiguer	8	défriser	3
décrasser	3	défaufiler	3	défroisser	3
décrédibiliser	3	défausser	3	défroncer	6
décrêper	3	défavoriser	3	défroquer	3
décrépir	20	déféminiser	3	défruiter	3
décréter	9	défendre	52	dégager	7
décreuser	3	défenestrer	3	dégainer	3
décrier	4	déféquer	9	déganter	3
décrire	76	déférer	9	dégarnir	20
décrisper	3	déferler	3	dégauchir	20
décrocher	3	déferrer	3	dégazer	3
décroiser	3	défeuiller	3	dégazoliner	3
décroître	66	défeutrer	3	dégazonner	3
décrotter	3	défibrer	3	dégeler	13
décroûter	3	défibriliser	3	dégénérer	9
décruer	3	déficeler	12	dégermer	3
décruser	3	défier	4	dégingander (se)	3
décrypter	3	défier (se)	4	dégivrer	3
décuivrer	3	défigurer	3	déglacer	6
déculasser	3	défiler	3	déglinguer	8
déculotter	3	définir	20	déglutir	20
déculpabiliser	3	défiscaliser	3	dégobiller	3
décupler	3	déflagrer	3	dégoiser	3
décuver	3	défléchir	20	dégommer	3
dédaigner	3	défleurir	20	dégonder	3
dédicacer	6	défloquer	3	dégonfler	3
dédier	4	déflorer	3	dégorger	7
dédifférencier (se)	4	défolier	3	dégoter	3

119

INDEX DES VERBES

dégoudronner	3	délainer	3	démastiquer	3
dégouliner	3	délaisser	3	démâter	3
dégoupiller	3	délaiter	3	dématérialiser	3
dégourdir	20	délarder	3	démazouter	3
dégoûter	3	délasser	3	démédicaliser	3
dégoutter	3	délaver	3	démêler	3
dégrader	3	délayer	16	démembrer	3
dégrafer	3	délecter (se)	3	déménager	7
dégraisser	3	délégitimer	3	démener (se)	11
dégravoyer	18	déléguer	8	démentir	22
dégréer	5	délester	3	démerder (se)	3
dégrever	11	délibérer	9	démériter	3
dégriffer	3	délier	4	démettre	63
dégringoler	3	délimiter	3	démeubler	3
dégripper	3	délinéer	5	demeurer	3
dégriser	3	délirer	3	démieller	3
dégrossir	20	déliter	3	démilitariser	3
dégrouiller (se)	3	délivrer	3	déminer	3
dégrouper	3	délocaliser	3	déminéraliser	3
déguerpir	20	déloger	7	démissionner	3
déguiser	3	délurer	3	démobiliser	3
dégurgiter	3	délustrer	3	démocratiser	3
déguster	3	déluter	3	démoder (se)	3
déhaler	3	démagnétiser	3	démoduler	3
déhancher (se)	3	démaigrir	20	démolir	20
déharnacher	3	démailler	3	démonétiser	3
déhotter	3	démailloter	3	démonter	3
déifier	4	démancher	3	démontrer	3
déjanter	3	demander	3	démoraliser	3
déjauger	7	démanger	7	démordre	52
déjeter	14	démanteler	13	démotiver	3
déjeuner	3	démantibuler	3	démoucheter	14
déjouer	3	démaquiller	3	démouler	3
déjucher	3	démarcher	3	démoustiquer	3
déjuger (se)	7	démarier	4	démultiplier	4
délabialiser	3	démarquer	3	démunir	20
délabrer (se)	3	démarrer	3	démurer	3
délabyrinther	3	démascler	3	démuseler	12
délacer	6	démasquer	3	démutiser	3

INDEX DES VERBES

démyéliniser	3	
démystifier	4	
démythifier	4	
dénasaliser	3	
dénationaliser ..	3	
dénatter........	3	
dénaturaliser ...	3	
dénaturer	3	
dénazifier	4	
dénébuler	3	
déneiger	7	
dénerver	3	
déniaiser	3	
dénicher	3	
dénicotiniser ...	3	
dénier	4	
dénigrer	3	
dénitrifier	4	
déniveler	12	
dénombrer	3	
dénommer	3	
dénoncer	6	
dénoter	3	
dénouer	3	
dénoyauter	3	
densifier	4	
denteler	12	
dénucléariser ...	3	
dénuder	3	
dénuer (se)	3	
dépailler	3	
dépalisser	3	
dépanner	3	
dépaqueter	14	
déparaffiner	3	
déparasiter	3	
dépareiller	3	
déparer	3	
déparier	4	

déparler	3	
départager	7	
départementaliser	3	
départir	22	
dépasser	3	
dépassionner ...	3	
dépatouiller (se)	3	
dépaver	3	
dépayser	3	
dépêcher	3	
dépeigner	3	
dépeindre	55	
dépelotonner ...	3	
dépénaliser	3	
dépendre	52	
dépenser	3	
dépérir	20	
dépersonnaliser	3	
dépêtrer	3	
dépeupler	3	
déphaser	3	
déphosphorer ..	3	
dépiauter	3	
dépierrer	3	
dépigmenter....	3	
dépiler	3	
dépiquer	3	
dépister	3	
dépiter	3	
déplacer	6	
déplafonner	3	
déplaire	68	
déplanter	3	
déplâtrer	3	
déplier	4	
déplisser	3	
déplomber	3	
déplorer	3	
déployer	18	

déplumer	3	
dépoétiser	3	
dépointer.......	3	
dépoitrailler	3	
dépolariser	3	
dépolir	20	
dépolitiser	3	
dépolluer	3	
dépolymériser ..	3	
déporter	3	
déposer	3	
déposséder	9	
dépoter	3	
dépoudrer......	3	
dépouiller	3	
dépourvoir	39	
dépoussiérer ...	9	
dépraver	3	
déprécier	4	
déprendre (se) ..	53	
dépressuriser ...	3	
déprimer	3	
dépriser	3	
déprogrammer ..	3	
dépuceler	12	
dépulper	3	
dépurer	3	
députer	3	
déqualifier	4	
déquiller........	3	
déraciner	3	
dérader	3	
dérager	7	
dérailler	3	
déraisonner	3	
déramer........	3	
déranger	7	
déraper	3	
déraser	3	

INDEX DES VERBES

dératiser	3	désaliéner	9	désemmancher	3
dérayer	16	désaligner	3	désemparer	3
déréaliser	3	désalper	3	désemplir	20
déréférencer	6	désaltérer	9	désencadrer	3
déréglementer	3	désambiguïser	3	désenchaîner	3
dérégler	9	désamianter	3	désenchanter	3
déréguler	3	désamidonner	3	désenclaver	3
dérembourser	3	désaminer	3	désencombrer	3
déresponsabiliser	3	désamorcer	6	désencrasser	3
dérider	3	désannexer	3	désendetter (se)	3
dériver	3	désaper	3	desénerver	3
dériveter	14	désapparier	4	désenfler	3
dérober	3	désappointer	3	désenfumer	3
dérocher	3	désapprendre	53	désengager	7
déroger	7	désapprouver	3	désengluer	3
dérougir	20	désapprovisionner	3	désengorger	7
dérouiller	3	désarçonner	3	désengourdir	20
dérouler	3	désargenter	3	désengrener	11
dérouter	3	désarmer	3	désenivrer	3
désabonner	3	désarrimer	3	désennuyer	17
désabuser	3	désarticuler	3	désenrayer	16
désaccentuer	3	désassembler	3	désensabler	3
désacclimater	3	désassimiler	3	désensibiliser	3
désaccorder	3	désassortir	20	désensorceler	12
désaccoupler	3	désatelliser	3	désentoiler	3
désaccoutumer	3	désatomiser	3	désentortiller	3
désacidifier	4	désavantager	7	désentraver	3
désacraliser	3	désavouer	3	désenvaser	3
désactiver	3	désaxer	3	désenvenimer	3
désadapter	3	desceller	3	désenverguer	8
désaérer	9	descendre	52	désenvoûter	3
désaffecter	3	déscolariser	3	désépaissir	20
désaffectionner (se)	3	déséchouer	3	déséquilibrer	3
désaffilier	4	désectoriser	3	déséquiper	3
désagrafer	3	desembobiner	3	déserter	3
désagréger	10	désembourber	3	désertifier (se)	4
désaimanter	3	désembourgeoiser	3	désespérer	9
désaisonnaliser	3	désembouteiller	3	désétatiser	3
désajuster	3	désembuer	3	désexciter	3

INDEX DES VERBES

désexualiser 3	désorganiser ... 3	détartrer 3
déshabiller 3	désorienter 3	détaxer 3
déshabituer 3	désosser 3	détecter 3
désherber 3	désoxyder 3	déteindre 55
déshériter 3	désoxygéner 9	dételer 12
déshonorer 3	desquamer 3	détendre 52
déshuiler 3	dessabler 3	détenir 27
déshumaniser .. 3	dessaisir 20	déterger 7
déshydrater 3	dessaler 3	détériorer 3
déshydrogéner .. 9	dessangler 3	déterminer 3
déshypothéquer . 9	dessaouler 3	déterrer 3
désigner 3	dessaper........ 3	détester 3
désillusionner .. 3	dessécher 9	détirer 3
désincarcérer ... 9	desseller 3	détoner 3
désincarner 3	desserrer 3	détonner 3
désincorporer... 3	dessertir 20	détordre 52
désincruster 3	desservir 22	détortiller 3
désindexer 3	dessiller 3	détourer 3
désindustrialiser 3	dessiner........ 3	détourner 3
désinfecter 3	dessoler 3	détracter 3
désinformer 3	dessouder 3	détraquer 3
désinhiber 3	dessoûler 3	détremper 3
désinsectiser ... 3	dessuinter 3	détricoter 3
désintégrer 9	déstabiliser 3	détromper 3
désintéresser ... 3	déstaliniser 3	détrôner 3
désintoxiquer .. 3	destiner 3	détroquer 3
désinvestir 20	destituer 3	détrousser 3
désirer 3	déstocker 3	détruire 78
désister (se) 3	déstresser 3	dévaler 3
désobéir 20	déstructurer ... 3	dévaliser 3
désobliger 7	désulfurer 3	dévaloriser 3
désobstruer 3	désunir 20	dévaluer 3
désocialiser..... 3	désurbaniser.... 3	devancer 6
désodoriser 3	désynchroniser .. 3	dévaser 3
désoler 3	désyndicaliser (se) 3	dévaster 3
désolidariser ... 3	détacher 3	développer 3
désoperculer ... 3	détailler 3	devenir 27
désopiler 3	détaler 3	déventer 3
désorbiter 3	détapisser 3	dévergonder (se) 3

INDEX DES VERBES

déverguer	8	digitaliser	3	disséquer	9
dévernir	20	digresser	3	disserter	3
déverrouiller	3	dilacérer	9	dissimuler	3
déverser	3	dilapider	3	dissiper	3
dévêtir	23	dilater	3	dissocier	4
dévider	3	diligenter	3	dissoner	3
dévier	4	diluer	3	dissoudre	57
deviner	3	dimensionner	3	dissuader	3
dévirer	3	diminuer	3	distancer	6
dévirginiser	3	dîner	3	distancier (se)	4
déviriliser	3	dinguer	8	distendre	52
dévisager	7	diphtonguer	8	distiller	3
deviser	3	diplômer	3	distinguer	8
dévisser	3	**dire**	73	distordre	52
dévitaliser	3	diriger	7	distraire	69
dévitrifier	4	discerner	3	distribuer	3
dévoiler	3	discipliner	3	divaguer	8
devoir	43	discontinuer	3	diverger	7
dévolter	3	disconvenir	27	diversifier	4
dévorer	3	discorder	3	divertir	20
dévouer	3	discourir	25	diviniser	3
dévoyer	18	discréditer	3	diviser	3
dézinguer	8	discriminer	3	divorcer	6
diaboliser	3	disculper	3	divulguer	8
diagnostiquer	3	discutailler	3	documenter	3
dialoguer	8	discuter	3	dodeliner	3
dialyser	3	disgracier	4	dogmatiser	3
diamanter	3	disjoindre	56	doigter	3
diaphragmer	3	disjoncter	3	doler	3
diaprer	3	disloquer	3	domestiquer	3
dicter	3	disparaître	64	domicilier	4
diéser	9	dispatcher	3	dominer	3
diffamer	3	dispenser	3	dompter	3
différencier	4	disperser	3	donner	3
différentier	4	disposer	3	doper	3
différer	9	disputailler	3	dorer	3
diffracter	3	disputer	3	dorloter	3
diffuser	3	disqualifier	4	**dormir**	22
digérer	9	disséminer	3	doser	3

INDEX DES VERBES

doter **3**	éblouir **20**	écimer **3**
double-cliquer .. **3**	éborgner **3**	éclabousser **3**
doubler **3**	ébouillanter **3**	éclaircir **20**
doublonner..... **3**	ébouler **3**	éclairer **3**
doucher **3**	ébourgeonner .. **3**	éclater **3**
doucir **20**	ébouriffer **3**	éclipser **3**
douer **3**	ébourrer **3**	éclisser **3**
douiller......... **3**	ébouter **3**	éclore **81**
douter **3**	ébrancher **3**	écluser **3**
dragéifier....... **4**	ébranler **3**	écobuer **3**
drageonner ... **3**	ébraser **3**	écœurer **3**
draguer **8**	ébrécher **9**	éconduire **78**
drainer **3**	ébrouer (s') ... **3**	économiser **3**
dramatiser **3**	ébruiter **3**	écoper **3**
draper **3**	écacher......... **3**	écorcer **6**
drayer **16**	écailler **3**	écorcher **3**
dresser **3**	écaler **3**	écorner **3**
dribbler **3**	écanguer **8**	écornifler **3**
driver **3**	écarquiller **3**	écosser **3**
droguer **8**	écarteler **13**	écouler **3**
droper **3**	écarter **3**	écourter **3**
drosser **3**	échafauder **3**	écouter **3**
duper **3**	échalasser **3**	écouvillonner .. **3**
dupliquer....... **3**	échancrer **3**	écrabouiller **3**
durcir **20**	échanger **7**	écraser **3**
durer **3**	échantillonner .. **3**	écrémer **9**
duveter (se) **14**	échapper **3**	écrêter **3**
dynamiser **3**	échardonner ... **3**	écrier (s') **4**
dynamiter **3**	écharner **3**	**écrire** **76**
	écharper **3**	écrivailler **3**
	échauder **3**	écrouer **3**
E	échauffer **3**	écrouir **20**
	échelonner **3**	écrouler (s') **3**
ébahir **20**	écheniller **3**	écroûter **3**
ébarber **3**	écheveler **12**	écuisser **3**
ébattre (s') **62**	échiner (s') **3**	écumer **3**
ébaucher **3**	échoir **51**	écurer **3**
ébaudir **20**	échopper **3**	écussonner **3**
éberluer **3**	échouer **3**	édenter **3**

125

INDEX DES VERBES

édicter 3	élaborer 3	embobeliner ... 3
édifier 4	élaguer 8	embobiner 3
éditer 3	élancer 6	emboîter 3
éditionner 3	élargir 20	embosser 3
édulcorer 3	électrifier 4	emboucher 3
éduquer 3	électriser 3	embouquer 3
éfaufiler 3	électrocuter 3	embourber 3
effacer 6	électrolyser 3	embourgeoiser . 3
effarer 3	élégir 20	embouteiller ... 3
effaroucher 3	élever 11	embouter 3
effectuer 3	élider 3	emboutir 20
efféminer 3	élimer 3	embrancher 3
effeuiller 3	éliminer 3	embraquer 3
effiler 3	élinguer 8	embraser 3
effilocher 3	élire 75	embrasser 3
effleurer 3	éloigner 3	embrayer 16
effleurir 20	élonger 7	embrever 11
effondrer 3	élucider 3	embrigader 3
efforcer (s') 6	élucubrer 3	embringuer 8
effranger 7	éluder 3	embrocher 3
effrayer 16	éluer 3	embroncher 3
effriter 3	émacier 4	embrouiller 3
égailler (s') 3	émailler 3	embroussailler . 3
égaler 3	émanciper 3	embrumer 3
égaliser 3	émaner 3	embuer 3
égarer 3	émarger 7	embusquer 3
égayer 16	émasculer 3	émécher 9
égorger 7	emballer 3	émerger 7
égosiller (s') ... 3	embarbouiller .. 3	émeriser 3
égoutter 3	embarquer 3	émerveiller 3
égrainer 3	embarrasser 3	émettre 63
égrapper 3	embarrer 3	émietter 3
égratigner 3	embastiller 3	émigrer 3
égrener 11	embaucher 3	émincer 6
égriser 3	embaumer 3	emmagasiner ... 3
égruger 7	embellir 20	emmailloter 3
égueuler 3	emberlificoter .. 3	emmancher 3
éjaculer 3	embêter 3	emmêler 3
éjecter 3	emblaver 3	emménager ... 7

INDEX DES VERBES

emmener **11**	empoisonner ... **3**	enchevaucher ... **3**
emmerder **3**	empoissonner .. **3**	enchevêtrer **3**
emmieller **3**	emporter **3**	enclaver **3**
emmitoufler ... **3**	empoter **3**	enclencher **3**
emmouscailler .. **3**	empourprer **3**	encliqueter **14**
emmurer **3**	empoussiérer .. **9**	enclore **81**
émonder **3**	empreindre ... **55**	enclouer **3**
émorfiler **3**	empresser (s') .. **3**	encocher **3**
émotionner **3**	emprésurer **3**	encoder **3**
émotter **3**	emprisonner ... **3**	encoller **3**
émousser **3**	emprunter **3**	encombrer **3**
émoustiller **3**	empuantir **20**	encorder (s') ... **3**
émouvoir **48**	émulsifier **4**	encorner **3**
empailler **3**	émulsionner ... **3**	encourager **7**
empaler **3**	énamourer (s') .. **3**	encourir **25**
empanner **3**	encabaner **3**	encrasser **3**
empapilloter ... **3**	encadrer **3**	encrer **3**
empaqueter **14**	encager **7**	encroûter **3**
emparer (s') ... **3**	encagouler **3**	encuver **3**
empâter **3**	encaisser **3**	endetter **3**
empatter **3**	encanailler (s') .. **3**	endeuiller **3**
empaumer **3**	encapuchonner .. **3**	endêver **3**
empêcher **3**	encaquer **3**	endiabler **3**
empenner **3**	encarter **3**	endiguer **8**
emperler **3**	encaserner **3**	endimancher (s') **3**
empeser **11**	encasteler (s') .. **13**	endoctriner **3**
empester **3**	encastrer **3**	endolorir **20**
empêtrer **3**	encaustiquer ... **3**	endommager ... **7**
empierrer **3**	encaver **3**	endormir **22**
empiéter **9**	enceindre **55**	endosser **3**
empiffrer (s') .. **3**	encenser **3**	enduire **78**
empiler **3**	encercler **3**	endurcir **20**
empirer **3**	enchaîner **3**	endurer **3**
emplafonner ... **3**	enchanter **3**	énerver **3**
emplâtrer **3**	enchâsser **3**	enfaîter **3**
emplir **20**	enchatonner ... **3**	enfanter **3**
employer **18**	enchausser **3**	enfariner **3**
empocher **3**	enchemiser **3**	enfermer **3**
empoigner **3**	enchérir **20**	enferrer **3**

INDEX DES VERBES

enfieller	3	enjoindre	56	ensemencer	6
enfiévrer	9	enjôler	3	enserrer	3
enfiler	3	enjoliver	3	ensevelir	20
enflammer	3	enkyster (s')	3	ensiler	3
enfler	3	enlacer	6	ensoleiller	3
enfleurer	3	enlaidir	20	ensorceler	12
enfoncer	6	enlever	11	ensuivre (s')	70
enfouir	20	enliasser	3	entabler	3
enfourcher	3	enlier	4	entacher	3
enfourner	3	enliser	3	entailler	3
enfreindre	55	enluminer	3	entamer	3
enfuir (s')	33	ennoblir	20	entartrer	3
enfumer	3	ennuager	7	entasser	3
enfûter	3	ennuyer	17	entendre	52
engager	7	énoncer	6	enténébrer	9
engainer	3	enorgueillir	20	enter	3
engazonner	3	énouer	3	entériner	3
engendrer	3	enquérir (s')	28	enterrer	3
englober	3	enquêter	3	entêter	3
engloutir	20	enquiquiner	3	enthousiasmer	3
engluer	3	enraciner	3	enticher	3
engober	3	enrager	7	entoiler	3
engommer	3	enrayer	16	entôler	3
engoncer	6	enrégimenter	3	entonner	3
engorger	7	enregistrer	3	entortiller	3
engouer (s')	3	enrésiner	3	entourer	3
engouffrer	3	enrhumer	3	entraider (s')	3
engourdir	20	enrichir	20	entraîner	3
engraisser	3	enrober	3	entrapercevoir	36
engranger	7	enrocher	3	entraver	3
engraver	3	enrôler	3	entrebâiller	3
engrener	11	enrouer	3	entrechoquer	3
engrosser	3	enrouler	3	entrecouper	3
engueuler	3	enrubanner	3	entrecroiser	3
enguirlander	3	ensabler	3	entredéchirer (s')	3
enhardir	20	ensacher	3	entredétruire (s')	78
enherber	3	ensanglanter	3	entredévorer (s')	3
enivrer	3	ensauvager	7	entrégorger (s')	7
enjamber	3	enseigner	3	entrelacer	6

INDEX DES VERBES

entrelarder	3	épaufrer	3	éradiquer	3
entremêler	3	épauler	3	érafler	3
entremettre (s')	63	épeler	12	érailler	3
entrenuire (s')	78	épépiner	3	éreinter	3
entreposer	3	éperonner	3	ergoter	3
entreprendre	53	épeurer	3	ériger	7
entrer	3	épicer	6	éroder	3
entreregarder (s')	3	épier	4	érotiser	3
entretailler (s')	3	épierrer	3	errer	3
entretenir	27	épiler	3	éructer	3
entretoiser	3	épiloguer	8	esbigner (s')	3
entretuer (s')	3	épincer	6	esbroufer	3
entrevoir	37	épinceter	14	escalader	3
entrevoûter	3	épiner	3	escamoter	3
entrouvrir	29	épingler	3	esclaffer (s')	3
entuber	3	épisser	3	esclavager	7
énucléer	5	éployer	18	escompter	3
énumérer	9	éplucher	3	escorter	3
envahir	20	épointer	3	escrimer (s')	3
envaser	3	éponger	7	escroquer	3
envelopper	3	épontiller	3	espacer	6
envenimer	3	épouiller	3	espérer	9
enverguer	8	époumoner (s')	3	espionner	3
envier	4	épouser	3	esquicher	3
environner	3	épousseter	14	esquinter	3
envisager	7	époustoufler	3	esquisser	3
envoiler (s')	3	époutir	20	esquiver	3
envoler (s')	3	épouvanter	3	essaimer	3
envoûter	3	éprendre (s')	53	essarter	3
envoyer	19	éprouver	3	essayer	16
épaissir	20	épucer	6	essorer	3
épamprer	3	épuiser	3	essoriller	3
épancher	3	épurer	3	essoucher	3
épandre	52	équarrir	20	essouffler	3
épanneler	12	équerrer	3	**essuyer**	17
épanouir	20	équeuter	3	estamper	3
épargner	3	équilibrer	3	estampiller	3
éparpiller	3	équiper	3	ester	3
épater	3	équivaloir	46	estérifier	4

INDEX DES VERBES

estimer	3	étrangler	3	excéder	9
estiver	3	**être**	2	exceller	3
estomaquer	3	étrécir	20	excentrer	3
estomper	3	étreindre	55	excepter	3
estoquer	3	étrenner	3	exciper	3
estourbir	20	étrésillonner	3	exciser	3
estrapasser	3	étriller	3	exciter	3
estropier	4	étriper	3	exclamer (s')	3
établir	20	étriquer	3	exclure	80
étager	7	étronçonner	3	excommunier	4
étalager	7	étudier	4	excorier	4
étaler	3	étuver	3	excréter	9
étalinguer	8	euphoriser	3	excursionner	3
étalonner	3	européaniser	4	excuser	3
étamer	3	euthanasier	3	exécrer	9
étamper	3	évacuer	3	exécuter	3
étancher	3	évader (s')	3	exemplifier	4
étançonner	3	évaluer	3	exempter	3
étarquer	3	évangéliser	3	exercer	6
étatiser	3	évanouir (s')	20	exfolier	4
étayer	16	évaporer	3	exhaler	3
éteindre	55	évaser	3	exhausser	3
étendre	52	éveiller	3	exhéréder	9
éterniser	3	éventer	3	exhiber	3
éternuer	3	éventrer	3	exhorter	3
étêter	3	évertuer (s')	3	exhumer	3
éthérifier	4	évider	3	exiger	7
éthériser	3	évincer	6	exiler	3
ethniciser	3	éviscérer	9	exister	3
étinceler	12	éviter	3	exonder (s')	3
étioler	3	évoluer	3	exonérer	9
étiqueter	14	évoquer	3	exorciser	3
étirer	3	exacerber	3	expatrier	4
étoffer	3	exagérer	9	expectorer	3
étoiler	3	exalter	3	expédier	4
étonner	3	examiner	3	expérimenter	3
étouffer	3	exaspérer	9	expertiser	3
étouper	3	exaucer	6	expier	4
étourdir	20	excaver	3	expirer	3

INDEX DES VERBES

expliciter **3**	fader **3**	fêler **3**
expliquer **3**	fagoter **3**	féliciter **3**
exploiter **3**	faiblir **20**	féminiser **3**
explorer **3**	failler (se) **3**	fendiller **3**
exploser **3**	**faillir** **32**	fendre **52**
exporter **3**	fainéanter **3**	fenêtrer **3**
exposer **3**	**faire** **82**	ferler **3**
exprimer **3**	faisander **3**	fermenter **3**
exproprier **4**	**falloir** **49**	fermer **3**
expulser **3**	falsifier **4**	ferrailler **3**
expurger **7**	familiariser **3**	ferrer **3**
exsuder **3**	fanatiser **3**	ferrouter **3**
extasier (s') **4**	faner **3**	fertiliser **3**
exténuer **3**	fanfaronner **3**	fesser **3**
extérioriser **3**	fantasmer **3**	festonner **3**
exterminer **3**	farcir **20**	festoyer **18**
externaliser..... **3**	farder **3**	fêter **3**
externer **3**	farfouiller **3**	feuiller **3**
extirper **3**	fariner **3**	feuilleter **14**
extorquer **3**	farter **3**	feuler **3**
extrader **3**	fasciner **3**	feutrer **3**
extraire **69**	fasciser **3**	fiabiliser **3**
extrapoler **3**	faseiller **3**	fiancer **6**
extravaguer..... **8**	faseyer **3**	ficeler **12**
extravaser (s') .. **3**	fatiguer **8**	ficher **3**
extuber......... **3**	faucarder **3**	fidéliser **3**
exulcérer **9**	faucher **3**	fienter **3**
exulter **3**	faufiler **3**	fier (se) **4**
	fausser **3**	figer **7**
F	fauter **3**	fignoler **3**
	favoriser **3**	figurer **3**
fabriquer **3**	faxer **3**	filer **3**
fabuler **3**	fayot(t)er **3**	fileter **15**
facetter **3**	féconder **3**	filialiser **3**
fâcher **3**	féculer **3**	filigraner **3**
faciliter **3**	fédéraliser **3**	filmer **3**
façonner **3**	fédérer **9**	filocher **3**
factoriser **3**	feindre **55**	filouter **3**
facturer **3**	feinter **3**	filtrer **3**

INDEX DES VERBES

finaliser	3	focaliser	3	fourgonner	3
financer	6	foirer	3	fourguer	8
financiariser	3	foisonner	3	fourmiller	3
finasser	3	folâtrer	3	fournir	20
finir	**20**	folioter	3	fourrager	7
fiscaliser	3	folkloriser	3	fourrer	3
fissurer	3	fomenter	3	fourvoyer	18
fixer	3	foncer	6	fracasser	3
flageller	3	fonctionnaliser	3	fractionner	3
flageoler	3	fonctionnariser	3	fracturer	3
flagorner	3	fonctionner	3	fragiliser	3
flairer	3	fonder	3	fragmenter	3
flamber	3	fondre	52	fraîchir	20
flamboyer	18	forcer	6	fraiser	3
flancher	3	forcir	20	framboiser	3
flâner	3	forclore	81	franchir	20
flanquer	3	forer	3	franchiser	3
flasher	3	forfaire	82	franciser	3
flatter	3	forfaitiser	3	franger	7
flécher	9	forger	7	frapper	3
fléchir	20	forjeter	14	fraterniser	3
flemmarder	3	forlonger	7	frauder	3
flétrir	20	formaliser	3	frayer	16
fleurer	3	formater	3	fredonner	3
fleurir	20	former	3	frégater	3
flexibiliser	3	formuler	3	freiner	3
flinguer	8	forniquer	3	frelater	3
flipper	3	fortifier	4	frémir	20
fliquer	3	fossiliser	3	fréquenter	3
flirter	3	fouailler	3	fréter	9
floconner	3	foudroyer	18	frétiller	3
floculer	3	fouetter	3	fretter	3
floquer	3	fouger	7	fricasser	3
flotter	3	fouiller	3	fricoter	3
flouer	3	fouiner	3	frictionner	3
fluctuer	3	fouir	20	frigorifier	4
fluer	3	fouler	3	frimer	3
fluidifier	4	fourbir	20	fringuer (se)	8
flûter	3	fourcher	3		

INDEX DES VERBES

friper	3
frire	72
friser	3
frisotter	3
frissonner	3
friter (se)	3
fritter	3
froisser	3
frôler	3
froncer	6
fronder	3
frotter	3
frouer	3
froufrouter	3
fructifier	4
frustrer	3
fuguer	8
fuir	**33**
fulgurer	3
fulminer	3
fumer	3
fumiger	7
fureter	15
fuseler	12
fuser	3
fusiller	3
fusionner	3
fustiger	7

G

gabarier	4
gâcher	3
gadgétiser	3
gaffer	3
gager	7
gagner	3
gainer	3
galber	3
galéjer	9
galérer	9
galocher	3
galonner	3
galoper	3
galvaniser	3
galvauder	3
gambader	3
gamberger	7
gambiller	3
gangrener	11
gangréner	9
ganser	3
ganter	3
garantir	20
garder	3
garer	3
gargariser (se)	3
gargouiller	3
garnir	20
garrotter	3
gaspiller	3
gâter	3
gâtifier	4
gauchir	20
gaufrer	3
gauler	3
gausser (se)	3
gaver	3
gazéifier	4
gazer	3
gazonner	3
gazouiller	3
geindre	55
geler	**13**
gélifier	4
gémir	20
gemmer	3
gendarmer (se)	3
gêner	3
généraliser	3
générer	9
gerber	3
gercer	6
gérer	9
germaniser	3
germer	3
gésir	**34**
gesticuler	3
gicler	3
gifler	3
gigoter	3
gîter	3
givrer	3
glacer	6
glairer	3
glaiser	3
glander	3
glandouiller	3
glaner	3
glapir	20
glatir	20
glavioter	3
gléner	9
glisser	3
globaliser	3
glorifier	4
gloser	3
glouglouter	3
glousser	3
glycériner	3
gober	3
goberger (se)	7
godailler	3
goder	3
godiller	3
godronner	3

INDEX DES VERBES

goinfrer	3		graviter	3		guérir	20
gominer (se)	3		gréer	5		guerroyer	18
gommer	3		greffer	3		guêtrer (se)	3
gondoler	3		grêler	3		guetter	3
gonfler	3		grelotter	3		gueuler	3
gorger	7		grenailler	3		gueuletonner	3
gouacher	3		greneler	12		guider	3
gouailler	3		grenouiller	3		guigner	3
goudronner	3		grésiller	3		guillemeter	14
gouger	7		grever	11		guillocher	3
goujonner	3		gribouiller	3		guillotiner	3
goupiller	3		griffer	3		guincher	3
gourer (se)	3		griffonner	3		guinder	3
gourmander	3		grigner	3		guiper	3
goûter	3		grignoter	3			
goutter	3		grillager	7		**H**	
gouverner	3		griller	3			
gracier	4		grimacer	6		habiliter	3
graduer	3		grimer	3		habiller	3
graffiter	3		grimper	3		habiter	3
grailler	3		grincer	6		habituer	3
graillonner	3		grincher	3		hâbler	3
grainer	3		gripper	3		hacher	3
graisser	3		grisailler	3		hachurer	3
grammaticaliser	3		griser	3		**haïr**	21
grandir	20		grisoller	3		halener	11
graniter	3		grisonner	3		haler	3
granuler	3		griveler	12		hâler	3
graphiter	3		grognasser	3		haleter	15
grappiller	3		grogner	3		halluciner	3
grasseyer	3		grognonner	3		hameçonner	3
graticuler	3		grommeler	12		hancher	3
gratifier	4		gronder	3		handicaper	3
gratiner	3		grossir	20		hannetonner	3
gratouiller	3		grouiller	3		hanter	3
gratter	3		grouper	3		happer	3
graver	3		gruger	7		haranguer	8
gravillonner	3		grumeler (se)	12		harasser	3
gravir	20		guéer	5		harceler	13

INDEX DES VERBES

harmoniser	3
harnacher	3
harponner	3
hasarder	3
hâter	3
haubaner	3
hausser	3
haver	3
héberger	7
hébéter	9
hébraïser	3
héler	9
hélitreuiller	3
helléniser	3
hennir	20
herbager	7
herboriser	3
hercher	3
hérisser	3
hériter	3
herser	3
hésiter	3
heurter	3
hiberner	3
hiérarchiser	3
hisser	3
historier	4
hiverner	3
hocher	3
homogénéifier	4
homologuer	8
hongrer	3
hongroyer	18
honnir	20
honorer	3
hoqueter	14
horodater	3
horrifier	4
horripiler	3
hospitaliser	3
houblonner	3
houpper	3
hourder	3
hourdir	20
houspiller	3
housser	3
hucher	3
huer	3
huiler	3
hululer	3
humaniser	3
humecter	3
humer	3
humidifier	4
humilier	4
hurler	3
hybrider	3
hydrater	3
hydrofuger	7
hydrogéner	9
hydrolyser	3
hypertrophier	4
hypnotiser	3
hypothéquer	9

I

idéaliser	3
identifier	4
idolâtrer	3
ignifuger	7
ignorer	3
illuminer	3
illusionner	3
illustrer	3
imaginer	3
imbiber	3
imbriquer	3
imiter	3
immatriculer	3
immerger	7
immigrer	3
immiscer (s')	6
immobiliser	3
immoler	3
immortaliser	3
immuniser	3
impartir	20
impatienter	3
impatroniser (s')	3
imperméabiliser	3
impétrer	9
implanter	3
implémenter	3
impliquer	3
implorer	3
imploser	3
importer	3
importuner	3
imposer	3
imprégner	9
impressionner	3
imprimer	3
improviser	3
impulser	3
imputer	3
inactiver	3
inaugurer	3
incarcérer	9
incarner	3
incendier	4
incinérer	9
inciser	3
inciter	3
incliner	3
inclure	80
incomber	3

INDEX DES VERBES

incommoder	3	inhiber	3	intellectualiser	3
incorporer	3	inhumer	3	intensifier	4
incriminer	3	initialiser	3	intenter	3
incruster	3	initier	4	intercaler	3
incuber	3	injecter	3	intercéder	9
inculper	3	injurier	4	intercepter	3
inculquer	3	innerver	3	interclasser	3
incurver	3	innocenter	3	interconnecter	3
indemniser	3	innover	3	interdire	73
indexer	3	inoculer	3	intéresser	3
indifférer	9	inonder	3	interférer	9
indigner	3	inquiéter	9	interfolier	4
indiquer	3	inscrire	76	intérioriser	3
indisposer	3	insculper	3	interjeter	14
individualiser	3	inséminer	3	interligner	3
induire	78	insensibiliser	3	interloquer	3
indurer	3	insérer	9	internationaliser	3
industrialiser	3	insinuer	3	interner	3
infantiliser	3	insister	3	interpeller	3
infatuer (s')	3	insoler	3	interpénétrer (s')	9
infecter	3	insolubiliser	3	interpoler	3
inféoder	3	insonoriser	3	interposer	3
inférer	9	inspecter	3	interpréter	9
inférioriser	3	inspirer	3	interroger	7
infester	3	installer	3	interrompre	60
infibuler	3	instaurer	3	intervenir	27
infiltrer	3	instiguer	8	intervertir	20
infirmer	3	instiller	3	interviewer	3
infléchir	20	instituer	3	intimer	3
infliger	7	institutionnaliser	3	intimider	3
influencer	6	instruire	78	intituler	3
influer	3	instrumentaliser	3	intoxiquer	3
informatiser	3	instrumenter	3	intriguer	8
informer	3	insuffler	3	intriquer	3
infuser	3	insulter	3	introduire	78
ingénier (s')	4	insupporter	3	introniser	3
ingérer	9	insurger (s')	7	intuber	3
ingurgiter	3	intailler	3	invaginer (s')	3
inhaler	3	intégrer	9	invalider	3

INDEX DES VERBES

invectiver	......	3
inventer	......	3
inventorier	......	4
inverser	......	3
invertir	......	20
investiguer	......	8
investir	......	20
inviter	......	3
invoquer	......	3
ioder	......	3
iodler	......	3
ioniser	......	3
iriser	......	3
ironiser	......	3
irradier	......	4
irriguer	......	8
irriter	......	3
islamiser	......	3
isoler	......	3
italianiser	......	3
itérer	......	9
ixer	......	3

J

jabler	......	3
jaboter	......	3
jacasser	......	3
jacter	......	3
jaillir	......	20
jalonner	......	3
jalouser	......	3
japoniser	......	3
japper	......	3
jardiner	......	3
jargonner	......	3
jaser	......	3
jasper	......	3
jaspiner	......	3
jauger	......	7
jaunir	......	20
javeler	......	12
javelliser	......	3
jeter	......	**14**
jeûner	......	3
jobarder	......	3
jodler	......	3
jogger	......	3
joindre	......	**56**
jointer	......	3
jointoyer	......	18
joncher	......	3
jongler	......	3
jouer	......	3
jouir	......	20
jouter	......	3
jouxter	......	3
jubiler	......	3
jucher	......	3
judaïser	......	3
judiciariser	......	3
juger	......	7
juguler	......	3
jumeler	......	12
juponner	......	3
jurer	......	3
justifier	......	4
juter	......	3
juxtaposer	......	3

K

kératiniser (se)	..	3
kidnapper	......	3
kif(f)er	......	3
kilométrer	......	9
klaxonner	......	3

L

labelliser	......	3
labialiser	......	3
labourer	......	3
lacer	......	6
lacérer	......	9
lâcher	......	3
laïciser	......	3
lainer	......	3
laisser	......	3
laitonner	......	3
laïusser	......	3
lambiner	......	3
lambrisser	......	3
lamenter (se)	......	3
lamer	......	3
laminer	......	3
lamper	......	3
lancer	......	6
lanciner	......	3
langer	......	7
langueyer	......	3
languir	......	20
lanterner	......	3
laper	......	3
lapider	......	3
lapidifier	......	4
lapiner	......	3
laquer	......	3
larder	......	3
larguer	......	8
larmoyer	......	18
lasériser	......	3
lasser	......	3
latiniser	......	3
latter	......	3
laver	......	3
layer	......	16

INDEX DES VERBES

lécher	9	lisser	3		
légaliser	3	lister	3	**M**	
légender	3	liter	3	macadamiser	3
légiférer	9	lithographier	4	macérer	9
légitimer	3	livrer	3	mâcher	3
léguer	9	lober	3	machiner	3
lemmatiser	3	lobotomiser	3	mâchonner	3
lénifier	4	localiser	3	mâchouiller	3
léser	9	locher	3	mâchurer	3
lésiner	3	lockouter	3	macler	3
lessiver	3	lofer	3	maçonner	3
lester	3	loger	7	maculer	3
leurrer	3	longer	7	madériser	3
lever	**11**	loquer	3	maganer	3
léviger	7	lorgner	3	magasiner	3
léviter	3	lotionner	3	magner (se)	3
lexicaliser (se)	3	lotir	20	magnétiser	3
lézarder	3	louanger	7	magnétoscoper	3
liaisonner	3	loucher	3	magnifier	4
libeller	3	louer	3	magouiller	3
libéraliser	3	loufer	3	maigrir	20
libérer	9	louper	3	mailler	3
licencier	4	lourder	3	maintenir	27
liciter	3	lourer	3	maîtriser	3
lier	4	louveter	14	majorer	3
lifter	3	louvoyer	18	malaxer	3
ligaturer	3	lover	3	malmener	11
ligner	3	lubrifier	4	malter	3
lignifier (se)	4	luger	7	maltraiter	3
ligoter	3	luire	78	manager	7
liguer	8	luncher	3	manchonner	3
limer	3	lustrer	3	mandater	3
limiter	3	luter	3	mander	3
limoger	7	lutiner	3	mangeotter	3
liquéfier	4	lutter	3	**manger**	**7**
liquider	3	luxer	3	manier	4
lire	**75**	lyncher	3	manifester	3
liserer	11	lyophiliser	3	manigancer	6
lisérer	9			manipuler	3

138

INDEX DES VERBES

manœuvrer	3	
manquer	3	
mansarder	3	
manucurer	3	
manufacturer	3	
manutentionner	3	
mapper	3	
maquer (se)	3	
maquetter	3	
maquignonner	3	
maquiller	3	
marabouter	3	
marauder	3	
marbrer	3	
marchander	3	
marcher	3	
marcotter	3	
margauder	3	
marger	7	
marginaliser	3	
marginer	3	
margoter	3	
marier	4	
mariner	3	
marivauder	3	
marmiter	3	
marmonner	3	
marmoriser	3	
marner	3	
maronner	3	
maroquiner	3	
maroufler	3	
marquer	3	
marqueter	14	
marrer (se)	3	
marronner	3	
marsouiner	3	
marteler	13	
martyriser	3	
masculiniser	3
masquer	3
massacrer	3
masser	3
massicoter	3
mastiquer	3
masturber	3
matcher	3
matelasser	3
mater	3
mâter	3
matérialiser	3
materner	3
matir	20
matraquer	3
matricer	6
maturer	3
maudire	**74**
maugréer	5
maximaliser	3
maximiser	3
mazouter	3
mécaniser	3
mécher	9
méconduire (se)	78
méconnaître	64
mécontenter	3
médailler	3
médiatiser	3
médicaliser	3
médire	73
méditer	3
méduser	3
méfier (se)	4
mégir	20
mégisser	3
mégoter	3
méjuger	7
mélanger	7
mêler	3
mémoriser	3
menacer	6
ménager	7
mendier	4
mendigoter	3
mener	11
menotter	3
mensualiser	3
mentionner	3
mentir	22
menuiser	3
méprendre (se)	53
mépriser	3
mercantiliser	3
merceriser	3
merder	3
merdoyer	18
meringuer	8
mériter	3
mésallier (se)	4
mésestimer	3
messeoir	40
mesurer	3
mésuser	3
métalliser	3
métamorphiser	3
métamorphoser	3
métaphoriser	3
métastaser	3
météoriser	3
métisser	3
métrer	9
mettre	**63**
meubler	3
meugler	3
meuler	3
meurtrir	20
miauler	3

INDEX DES VERBES

michetonner....	3
microfilmer	3
microminiaturiser	3
mignoter	3
migrer	3
mijoter	3
militariser	3
militer	3
millésimer	3
mimer	3
minauder	3
mincir	20
miner	3
minéraliser	3
miniaturiser	3
minimiser	3
minorer	3
minuter	3
mirer	3
miroiter	3
miser	3
misérer.........	9
missionner......	3
miter (se)	3
mithridatiser ...	3
mitiger	7
mitonner	3
mitrailler	3
mixer	3
mobiliser	3
modeler	13
modéliser.......	3
modérer	9
moderniser	3
modifier	4
moduler	3
moirer	3
moisir	20
moissonner	3
moitir	20
molester	3
moleter	14
mollarder.......	3
mollir	20
momifier	4
monder	3
mondialiser	3
monétiser	3
monitorer	3
monnayer	16
monologuer	8
monopoliser ...	3
monter	3
montrer	3
moquer	3
moquetter......	3
moraliser	3
morceler	12
mordancer	6
mordiller	3
mordorer	3
mordre	52
morfaler	3
morfler.........	3
morfondre (se)..	52
morigéner	9
mortaiser	3
mortifier	4
motionner......	3
motiver	3
motoriser	3
motter (se)	3
moucharder	3
moucher	3
moucheronner..	3
moucheter	14
moudre	**59**
moufter	3
mouiller	3
mouler.........	3
mouliner	3
moulurer	3
mourir	**26**
mousser	3
moutonner	3
mouvoir	**48**
moyenner	3
mucher.........	3
muer	3
mugir	20
multiplexer.....	3
multiplier	4
municipaliser ..	3
munir	20
murer	3
mûrir	20
murmurer	3
musarder	3
muscler	3
museler	12
muser	3
musiquer.......	3
musser	3
muter	3
mutiler	3
mutiner (se) ...	3
mutualiser......	3
mystifier	4
mythifier	4

N

nacrer	3
nager	7
naître	**65**
nanifier.........	4

INDEX DES VERBES

naniser	....	3
nantir	....	20
napper	....	3
narguer	....	8
narrer	....	3
nasaliser	....	3
nasiller	....	3
nationaliser	....	3
natter	....	3
naturaliser	....	3
naufrager	....	7
naviguer	....	**8**
navrer	....	3
nazifier	....	4
néantiser	....	3
nébuliser	....	3
nécessiter	....	3
nécroser	....	3
négliger	....	7
négocier	....	4
neigeoter	....	3
neiger	....	7
néologiser	....	3
nervurer	....	3
nettoyer	....	18
neutraliser	....	3
nicher	....	3
nickeler	....	12
nider (se)	....	3
nidifier	....	4
nieller	....	3
nier	....	4
nimber	....	3
nipper	....	3
nitrater	....	3
nitrer	....	3
nitrifier	....	4
nitrurer	....	3
niveler	....	12
nobéliser	....	3
nocer	....	6
noircir	....	20
noliser	....	3
nomadiser	....	3
nombrer	....	3
nominaliser	....	3
nominer	....	3
nommer	....	3
nordir	....	20
normaliser	....	3
normer	....	3
noter	....	3
notifier	....	4
nouer	....	3
nourrir	....	20
novéliser	....	3
nover	....	3
noyauter	....	3
noyer	....	18
nuancer	....	6
nucléariser	....	3
nuire	....	78
numériser	....	3
numéroter	....	3

O

obéir	....	20
obérer	....	9
objecter	....	3
objectiver	....	3
objurguer	....	8
obliger	....	7
obliquer	....	3
oblitérer	....	9
obnubiler	....	3
obombrer	....	3
obscurcir	....	20
obséder	....	9
observer	....	3
obstiner (s')	....	3
obstruer	....	3
obtempérer	....	9
obtenir	....	27
obturer	....	3
obvenir	....	27
obvier	....	4
occasionner	....	3
occidentaliser	....	3
occlure	....	80
occulter	....	3
occuper	....	3
ocrer	....	3
octavier	....	4
octroyer	....	18
œilletonner	....	3
œuvrer	....	3
offenser	....	3
officialiser	....	3
officier	....	4
offrir	....	**29**
offusquer	....	3
oindre	....	56
oiseler	....	12
ombrager	....	7
ombrer	....	3
omettre	....	63
ondoyer	....	18
onduler	....	3
opacifier	....	4
opaliser	....	3
opérer	....	9
opiner	....	3
opiniâtrer (s')	....	3
opposer	....	3
oppresser	....	3

INDEX DES VERBES

opprimer	3
opter	3
optimaliser	3
optimiser	3
oraliser	3
orbiter	3
orchestrer	3
ordonnancer	6
ordonner	3
organiser	3
orienter	3
ornementer	3
orner	3
orthographier	4
osciller	3
oser	3
ossifier (s')	4
ostraciser	3
ôter	3
ouater	3
ouatiner	3
oublier	4
ouiller	3
ouïr	**35**
ourdir	20
ourler	3
outiller	3
outrager	7
outrepasser	3
outrer	3
ouvrager	7
ouvrer	3
ouvrir	29
ovaliser	3
ovationner	3
ovuler	3
oxyder	3
oxygéner	9
ozoniser	3

P

pacager	7
pacifier	4
pacquer	3
pacser (se)	3
pactiser	3
paganiser	3
pagayer	16
pageoter (se)	3
pager (se)	7
paginer	3
paillassonner	3
pailler	3
pailleter	14
paître	64
palabrer	3
palanquer	3
palataliser	3
palettiser	3
pâlir	20
palissader	3
palisser	3
pallier	4
palper	3
palpiter	3
pâmer (se)	3
panacher	3
paner	3
panifier	4
paniquer	3
panneauter	3
panoramiquer	3
panser	3
panteler	12
pantoufler	3
papillonner	3
papilloter	3
papoter	3

papouiller	3
parachever	11
parachuter	3
parader	3
parafer	3
paraffiner	3
paraître	64
paralyser	3
paramétrer	9
parangonner	3
parapher	3
paraphraser	3
parasiter	3
parcelliser	3
parcheminer	3
parcourir	25
pardonner	3
parer	3
paresser	3
parfaire	82
parfiler	3
parfondre	52
parfumer	3
parier	4
parjurer (se)	3
parlementer	3
parler	3
parlot(t)er	3
parodier	4
parquer	3
parqueter	14
parrainer	3
parsemer	11
partager	7
participer	3
particulariser	3
partir	22
parvenir	27
passementer	3

INDEX DES VERBES

passepoiler	3	pendouiller	3	peser	11
passer	3	pendre	52	pester	3
passionner	3	penduler	3	pétarader	3
pasteuriser	3	pénétrer	9	péter	9
pasticher	3	penser	3	pétiller	3
patauger	7	pensionner	3	petit-déjeuner	3
patenter	3	pépier	4	pétitionner	3
patienter	3	percer	6	pétocher	3
patiner	3	percevoir	36	pétrifier	4
pâtir	20	percher	3	pétrir	20
pâtisser	3	percuter	3	pétuner	3
patouiller	3	perdre	52	peupler	3
patronner	3	perdurer	3	phagocyter	3
patrouiller	3	pérenniser	3	phantasmer	3
pâturer	3	perfectionner	3	philosopher	3
paumer	3	perforer	3	phonétiser	3
paupériser	3	perfuser	3	phosphater	3
pauser	3	péricliter	3	phosphorer	3
pavaner (se)	3	périmer (se)	3	photocomposer	3
paver	3	périphraser	3	photocopier	4
pavoiser	3	périr	20	photographier	4
payer	**16**	perler	3	phraser	3
peaufiner	3	permettre	63	piaffer	3
pécher	9	permuter	3	piailler	3
pêcher	3	pérorer	3	pianoter	3
pédaler	3	peroxyder	3	piauler	3
peigner	3	perpétrer	9	picoler	3
peindre	**55**	perpétuer	3	picorer	3
peiner	3	perquisitionner	3	picoter	3
peinturer	3	persécuter	3	piéger	10
peinturlurer	3	persévérer	9	piéter	9
peler	13	persifler	3	piétiner	3
pelleter	14	persister	3	pieuter (se)	3
peloter	3	personnaliser	3	pifer	3
pelotonner	3	personnifier	4	pigeonner	3
pelucher	3	persuader	3	piger	7
pénaliser	3	perturber	3	pigmenter	3
pencher	3	pervertir	20	pignocher	3
pendiller	3	pervibrer	3	piler	3

INDEX DES VERBES

piller	3	plastifier	4	politiquer	3
pilonner	3	plastiquer	3	politiser	3
piloter	3	plastronner	3	polluer	3
pimenter	3	platiner	3	polycopier	4
pinailler	3	plâtrer	3	polymériser	3
pincer	6	plébisciter	3	pommader	3
pinter	3	pleurer	3	pommeler (se)	12
piocher	3	pleurnicher	3	pommer	3
pioncer	6	pleuvasser	3	pomper	3
piper	3	pleuviner	3	pomponner	3
pique-niquer	3	pleuvioter	3	poncer	6
piquer	3	**pleuvoir**	50	ponctionner	3
piqueter	14	pleuvoter	3	ponctuer	3
pirater	3	plier	4	pondérer	9
pirouetter	3	plisser	3	pondre	52
pisser	3	plomber	3	ponter	3
pissoter	3	plonger	7	pontifier	4
pister	3	ployer	18	populariser	3
pistonner	3	plumer	3	poquer	3
pitonner	3	pluraliser	3	porter	3
pivoter	3	pocher	3	portraiturer	3
placarder	3	poêler	3	poser	3
placardiser	3	poétiser	3	positionner	3
placer	6	pogner	3	positiver	3
plafonner	3	poignarder	3	posséder	9
plagier	4	poiler (se)	3	postdater	3
plaider	3	poinçonner	3	poster	3
plaindre	54	poindre	56	postillonner	3
plaire	68	pointer	3	postposer	3
plaisanter	3	pointiller	3	postsonoriser	3
planchéier	4	poireauter	3	postsynchroniser	3
plancher	3	poisser	3	postuler	3
planer	3	poivrer	3	potasser	3
planétariser	3	polariser	3	potentialiser	3
planifier	4	poldériser	3	potiner	3
planquer	3	polémiquer	3	poudrer	3
planter	3	policer	6	poudroyer	18
plaquer	3	polir	20	pouffer	3
plasmifier	4	polissonner	3	pouliner	3

INDEX DES VERBES

pouponner	3	préformer	3	prier	4
pourchasser	3	préjudicier	4	primer	3
pourfendre	52	préjuger	7	priser	3
pourlécher	9	prélasser (se)	3	privatiser	3
pourrir	20	prélever	11	priver	3
poursuivre	70	préluder	3	privilégier	4
pourvoir	39	préméditer	3	probabiliser	3
pousser	3	prémunir	20	procéder	9
poutser	3	**prendre**	53	processionner	3
pouvoir	44	prénommer	3	proclamer	3
praliner	3	préoccuper	3	procréer	5
pratiquer	3	préparer	3	procurer	3
préacheter	15	prépayer	16	prodiguer	8
préaviser	3	préposer	3	produire	78
précariser	3	prépositionner	3	profaner	3
précautionner (se)	3	prérecruter	3	proférer	9
précéder	9	prérégler	9	professer	3
préchauffer	3	présager	7	professionnaliser	3
prêcher	3	prescrire	76	profiler	3
précipiter	3	présélectionner	3	profiter	3
préciser	3	présenter	3	programmer	3
précompter	3	préserver	3	progresser	3
préconiser	3	présidentialiser	3	prohiber	3
précuire	78	présider	3	projeter	14
prédestiner	3	présonoriser	3	prolétariser	3
prédéterminer	3	pressentir	22	proliférer	9
prédiquer	3	presser	3	prolonger	7
prédire	73	pressurer	3	promener	11
prédisposer	3	pressuriser	3	promettre	63
prédominer	3	présumer	3	promotionner	3
préempter	3	présupposer	3	promouvoir	48
préétablir	20	présurer	3	promulguer	8
préexister	3	prétendre	52	prôner	3
préfabriquer	3	prêter	3	pronominaliser	3
préfacer	6	prétexter	3	prononcer	6
préférer	9	**prévaloir**	47	pronostiquer	3
préfigurer	3	prévariquer	3	propager	7
préfinancer	6	prévenir	27	prophétiser	3
préfixer	3	**prévoir**	38	proportionner	3

INDEX DES VERBES

proposer	3	qualifier	4	radier	4
propulser	3	quantifier	4	radiner	3
proroger	7	quémander	3	radiobaliser	3
proscrire	76	quereller	3	radiodiffuser	3
prosodier	4	quérir	28	radiographier	4
prospecter	3	questionner	3	radioguider	3
prospérer	9	quêter	3	radioscoper	3
prosterner	3	queuter	3	radoter	3
prostituer	3	quintoyer	18	radouber	3
protéger	10	quintupler	3	radoucir	20
protester	3	quitter	3	rafaler	3
prouver	3			raffermir	20
provenir	27			raffiner	3
proverbialiser	3	**R**		raffoler	3
provigner	3			raffûter	3
provisionner	3	rabâcher	3	rafistoler	3
provoquer	3	rabaisser	3	rafler	3
psalmodier	4	rabattre	62	rafraîchir	20
psychanalyser	3	rabibocher	3	ragaillardir	20
psychiatriser	3	rabioter	3	rager	7
publier	4	rabonnir	20	ragréer	5
puddler	3	raboter	3	raguer	8
puer	3	rabougrir (se)	20	raidir	20
puiser	3	rabouter	3	railler	3
pulluler	3	rabrouer	3	rainer	3
pulser	3	raccommoder	3	rainurer	3
pulvériser	3	raccompagner	3	raire	69
punaiser	3	raccorder	3	raisonner	3
punir	20	raccourcir	20	rajeunir	20
purger	7	raccrocher	3	rajouter	3
purifier	4	racheter	15	rajuster	3
putréfier	4	raciner	3	ralentir	20
pyramider	3	racketter	3	râler	3
pyrograver	3	racler	3	ralinguer	8
		racoler	3	rallier	4
Q		raconter	3	rallonger	7
		racornir	20	rallumer	3
quadriller	3	rader	3	ramager	7
quadrupler	3	radicaliser	3	ramasser	3

INDEX DES VERBES

ramender	3	rater	3	réanimer	3
ramener	11	ratiboiser	3	réapparaître	64
ramer	3	ratifier	4	réapprendre	53
rameuter	3	ratiner	3	réapproprier (se)	4
ramifier (se)	4	ratiociner	3	réapprovisionner	3
ramollir	20	rationaliser	3	réargenter	3
ramoner	3	rationner	3	réarmer	3
ramper	3	ratisser	3	réarranger	7
rancarder	3	ratonner	3	réassigner	3
rancir	20	rattacher	3	réassortir	20
rançonner	3	rattraper	3	réassurer	3
randomiser	3	raturer	3	rebaisser	3
randonner	3	ravager	7	rebander	3
ranger	7	ravaler	3	rebaptiser	3
ranimer	3	ravauder	3	rebâtir	20
rapapilloter	3	ravigoter	3	rebattre	62
rapatrier	4	raviner	3	rebeller (se)	3
râper	3	ravir	20	rebiffer (se)	3
rapetasser	3	raviser (se)	3	rebiquer	3
rapetisser	3	ravitailler	3	reblanchir	20
rapiner	3	raviver	3	reboiser	3
raplatir	20	ravoir	1	rebondir	20
rappareiller	3	rayer	16	reborder	3
rapparier	4	rayonner	3	reboucher	3
rappeler	12	razzier	4	rebouter	3
rappliquer	3	réabonner	3	reboutonner	3
rapporter	3	réabsorber	3	rebroder	3
rapprocher	3	réaccoutumer (se)	3	rebrousser	3
raquer	3	réactiver	3	rebuter	3
raréfier	4	réactualiser	3	recacheter	14
raser	3	réadapter	3	recadrer	3
rassasier	4	réadmettre	63	recalcifier	4
rassembler	3	réaffirmer	3	recaler	3
rasseoir	40	réagir	20	recapitaliser	3
rasséréner	9	réaléser	9	récapituler	3
rassir	20	réaligner	3	recarreler	12
rassurer	3	réaliser	3	recaser	3
ratatiner	3	réaménager	7	recauser	3
râteler	12	réamorcer	6	recaver (se)	3

INDEX DES VERBES

recéder	9	reconfigurer	3	recycler	3
receler	13	réconforter	3	redécouvrir	29
recéler	9	reconnaître	64	redéfinir	20
recenser	3	reconnecter	3	redemander	3
recentrer	3	reconquérir	28	redémarrer	3
receper	11	reconsidérer	9	redéployer	18
recéper	9	reconsolider	3	redescendre	52
réceptionner	3	reconstituer	3	redevenir	27
recevoir	36	reconstruire	78	redevoir	43
réchampir	20	reconvertir	20	rediffuser	3
rechanger	7	recopier	4	rédiger	7
rechanter	3	recorder	3	rédimer	3
rechaper	3	recorriger	7	redire	73
réchapper	3	recoucher	3	rediscuter	3
recharger	7	recoudre	58	redistribuer	3
rechasser	3	recouper	3	redonner	3
réchauffer	3	recourber	3	redorer	3
rechausser	3	recourir	25	redoubler	3
rechercher	3	recouvrer	3	redouter	3
rechigner	3	recouvrir	29	redresser	3
rechristianiser	3	recracher	3	réduire	78
rechuter	3	recréer	5	rééchelonner	3
récidiver	3	récréer	5	réécouter	3
réciter	3	recrépir	20	réédifier	4
réclamer	3	recreuser	3	rééditer	3
reclasser	3	récrier (se)	4	rééduquer	3
recoiffer	3	récriminer	3	réélire	75
récoler	3	ré(é)crire	76	réemballer	3
recoller	3	recristalliser	3	réembarquer	3
récolter	3	recroqueviller	3	réembaucher	3
recombiner	3	recruter	3	réemployer	18
recommander	3	rectifier	4	réemprunter	3
recommencer	6	recueillir	30	réensemencer	6
récompenser	3	recuire	78	réentendre	52
recomposer	3	reculer	3	rééquilibrer	3
recompter	3	reculotter	3	réer	5
réconcilier	4	récupérer	9	réescompter	3
recondamner	3	récurer	3	réétudier	4
reconduire	78	récuser	3	réévaluer	3

INDEX DES VERBES

réexaminer	3	réglementer	3	réinviter	3
réexpédier	4	régler	9	réitérer	9
réexporter	3	régner	9	rejaillir	20
refaire	82	regonfler	3	rejeter	14
refendre	52	regorger	7	rejoindre	56
référencer	6	regratter	3	rejointoyer	18
référer	9	regréer	5	rejouer	3
refermer	3	regreffer	3	réjouir	20
refiler	3	régresser	3	relâcher	3
réfléchir	20	regretter	3	relaisser	3
refléter	9	regrimper	3	relancer	6
refleurir	20	regrossir	20	relater	3
refluer	3	regrouper	3	relativiser	3
refonder	3	régulariser	3	relaver	3
refondre	52	réguler	3	relaxer	3
reformater	3	régurgiter	3	relayer	16
réformer	3	réhabiliter	3	reléguer	9
reformuler	3	réhabituer	3	relever	11
refouiller	3	rehausser	3	relier	4
refouler	3	réhydrater	3	relire	75
refourguer	8	réifier	4	relocaliser	3
réfracter	3	réimperméabiliser	3	reloger	7
refréner	9	réimplanter	3	relooker	3
réfrigérer	9	réimporter	3	relouer	3
refroidir	20	réimposer	3	reluire	78
réfugier (se)	4	réimprimer	3	reluquer	3
refuser	3	réincarner (se)	3	remâcher	3
réfuter	3	réincarcérer	9	remanger	7
regagner	3	réincorporer	3	remanier	4
régaler	3	réinfecter	3	remaquiller	3
regarder	3	réinjecter	3	remarcher	3
regarnir	20	réinscrire	76	remarier	4
régater	3	réinsérer	9	remarquer	3
regeler	13	réinstaller	3	remastériser	3
régénérer	9	réintégrer	9	remastiquer	3
régenter	3	réinterpréter	9	remballer	3
regimber	3	réintroduire	78	rembarquer	3
régionaliser	3	réinventer	3	rembarrer	3
régir	20	réinvestir	20	rembaucher	3

149

INDEX DES VERBES

remblayer	16	rémunérer	9	renter	3
rembobiner	3	renâcler	3	rentoiler	3
remboîter	3	renaître	65	rentrer	3
rembourrer	3	renauder	3	renverser	3
rembourser	3	rencaisser	3	renvider	3
rembrunir (se)	20	rencarder	3	renvoyer	19
rembucher	3	renchaîner	3	réoccuper	3
remédier	4	renchérir	20	réopérer	9
remembrer	3	rencogner	3	réorchestrer	3
remémorer	3	rencontrer	3	réordonner	3
remercier	4	rendormir	22	réorganiser	3
remettre	63	rendosser	3	réorienter	3
remeubler	3	**rendre**	**52**	repairer	3
remilitariser	3	renégocier	4	repaître	64
remiser	3	reneiger	7	répandre	52
remmailler	3	renfermer	3	reparaître	64
remmailloter	3	r(é)enfiler	3	réparer	3
remmancher	3	renflammer	3	reparler	3
remmener	11	renfler	3	repartager	7
remodeler	13	renflouer	3	repartir	22
remonter	3	renfoncer	6	répartir	20
remontrer	3	renforcer	6	repasser	3
remordre	52	renfrogner (se)	3	repaver	3
remorquer	3	r(é)engager	7	repayer	16
remouiller	3	rengainer	3	repêcher	3
rempailler	3	rengorger (se)	7	repeindre	55
rempaqueter	14	rengraisser	3	repenser	3
rempiéter	9	rengrener	11	repentir (se)	22
rempiler	3	rengréner	9	repercer	6
remplacer	6	renier	4	répercuter	3
remplir	20	renifler	3	reperdre	52
remployer	18	renommer	3	repérer	9
remplumer (se)	3	renoncer	6	répertorier	4
rempocher	3	renouer	3	répéter	9
rempoissonner	3	renouveler	12	repeupler	3
remporter	3	rénover	3	repincer	6
rempoter	3	renquiller	3	repiquer	3
remprunter	3	renseigner	3	replacer	6
remuer	3	rentabiliser	3	replanter	3

INDEX DES VERBES

replâtrer	3	résilier	4	resurgir	20
repleuvoir	50	résiner	3	rétablir	20
replier	4	résister	3	retailler	3
répliquer	3	résonner	3	rétamer	3
replonger	7	résorber	3	retaper	3
reployer	18	**résoudre**	57	retapisser	3
repolir	20	respectabiliser	3	retarder	3
répondre	52	respecter	3	retâter	3
reporter	3	respirer	3	reteindre	55
reposer	3	resplendir	20	retéléphoner	3
repositionner	3	responsabiliser	3	retendre	52
repoudrer	3	resquiller	3	retenir	27
repousser	3	ressaigner	3	retenter	3
reprendre	53	ressaisir	20	retentir	20
représenter	3	ressasser	3	retercer	6
réprimander	3	ressauter	3	retirer	3
réprimer	3	r(é)essayer	16	retisser	3
repriser	3	ressembler	3	retomber	3
reprocher	3	ressemeler	12	retondre	52
reproduire	78	ressemer	11	retoquer	3
reprofiler	3	ressentir	22	retordre	52
reprogrammer	3	resserrer	3	rétorquer	3
reprographier	4	resservir	22	retoucher	3
réprouver	3	ressortir	20	retourner	3
répudier	4	ressortir	22	retracer	6
répugner	3	ressouder	3	rétracter	3
réputer	3	ressourcer (se)	6	retraduire	78
requalifier	4	ressouvenir (se)	27	retraiter	3
requérir	28	ressuer	3	retrancher	3
requinquer	3	ressurgir	20	retranscrire	76
réquisitionner	3	ressusciter	3	retransmettre	63
resaler	3	ressuyer	17	retravailler	3
resalir	20	restaurer	3	retraverser	3
rescinder	3	rester	3	rétrécir	20
resemer	11	restituer	3	rétreindre	55
réséquer	9	restreindre	55	retremper	3
réserver	3	restructurer	3	rétribuer	3
résider	3	résulter	3	rétroagir	20
résigner	3	résumer	3	rétrocéder	9

INDEX DES VERBES

rétrograder	3	révolvériser	3	roidir	20
retrousser	3	révoquer	3	romancer	6
retrouver	3	revoter	3	romaniser	3
retuber	3	revouloir	45	**rompre**	60
réunifier	4	révulser	3	ronchonner	3
réunir	20	rewriter	3	ronéoter	3
réussir	20	rhabiller	3	ronéotyper	3
réutiliser	3	rhumer	3	ronfler	3
revacciner	3	ricaner	3	ronger	7
revaloir	46	ricocher	3	ronronner	3
revaloriser	3	rider	3	roquer	3
revancher (se)	3	ridiculiser	3	roser	3
revasculariser	3	rifler	3	rosir	20
rêvasser	3	rigidifier	4	rosser	3
réveiller	3	rigoler	3	roter	3
réveillonner	3	rimailler	3	rôtir	20
révéler	9	rimer	3	roucouler	3
revendiquer	3	rincer	6	rouer	3
revendre	52	ringardiser	3	rougeoyer	18
revenir	27	ripailler	3	rougir	20
rêver	3	riper	3	rouiller	3
réverbérer	9	ripoliner	3	rouir	20
reverdir	20	riposter	3	rouler	3
révérer	9	**rire**	77	roulotter	3
revernir	20	risquer	3	roupiller	3
reverser	3	rissoler	3	rouscailler	3
revêtir	23	ristourner	3	rouspéter	9
revigorer	3	ritualiser	3	roussir	20
revirer	3	rivaliser	3	router	3
réviser	3	river	3	rouvrir	29
revisiter	3	riveter	14	rucher	3
revisser	3	rober	3	rudoyer	18
revitaliser	3	robotiser	3	ruer	3
revivifier	4	rocher	3	rugir	20
revivre	71	rôdailler	3	ruiner	3
revoir	37	roder	3	ruisseler	12
revoler	3	rôder	3	ruminer	3
révolter	3	rogner	3	rupiner	3
révolutionner	3	rognonner	3	ruser	3

INDEX DES VERBES

rustiquer 3
rutiler 3
rythmer 3

S

sabler 3
sablonner 3
saborder 3
saboter 3
sabrer 3
saccader 3
saccager 7
saccharifier 4
sacquer 3
sacraliser 3
sacrer 3
sacrifier 4
safraner 3
saigner 3
saillir 31
saisir 20
saisonner 3
salarier 4
saler 3
salifier 4
saliniser (se) ... 3
salir 20
saliver 3
salpêtrer 3
saluer 3
sanctifier 4
sanctionner 3
sanctuariser ... 3
sandwicher 3
sangler 3
sangloter 3

saouler 3
saper 3
saponifier 4
saquer 3
sarcler 3
sasser 3
satelliser 3
satiner 3
satiriser 3
satisfaire 82
saturer 3
saucer 6
saucissonner .. 3
saumurer 3
sauner 3
saupoudrer 3
saurer 3
saurir 20
sauter 3
sautiller 3
sauvegarder ... 3
sauver 3
savater 3
savoir 42
savonner 3
savourer 3
scalper 3
scandaliser 3
scander 3
scanner 3
scarifier 4
sceller 3
scénariser 3
schématiser ... 3
schlinguer 8
schlitter 3
scier 4
scinder 3
scintiller 3

scléroser 3
scolariser 3
scorer 3
scotcher 3
scotomiser 3
scratcher 3
scribouiller ... 3
scruter 3
sculpter 3
sécher 9
seconder 3
secouer 3
secourir 25
sécréter 9
sectionner 3
sectoriser 3
séculariser 3
sécuriser 3
sédentariser ... 3
sédimenter 3
séduire 78
segmenter 3
ségréguer 9
séjourner 3
sélecter 3
sélectionner ... 3
seller 3
sembler 3
semer 11
semoncer 6
sensibiliser 3
sentir 22
seoir 40
séparer 3
septupler 3
séquencer 6
séquestrer 3
sérancer 6
serfouir 20

INDEX DES VERBES

sérier	4	slicer	6	soûler	3
sérigraphier	4	smasher	3	soulever	11
seriner	3	sniffer	3	souligner	3
seringuer	8	snober	3	soumettre	63
sermonner	3	socialiser	3	soumissionner	3
serpenter	3	sodomiser	3	soupçonner	3
serrer	3	soigner	3	souper	3
sertir	20	solariser	3	soupeser	11
servir	22	solder	3	soupirer	3
sévir	20	solenniser	3	souquer	3
sevrer	11	solfier	4	sourciller	3
sextupler	3	solidariser	3	sourdre	52
shampooiner	3	solidifier	4	sourire	77
shooter	3	soliloquer	3	sous-alimenter	3
shunter	3	solliciter	3	souscrire	76
sidérer	9	solubiliser	3	sous-employer	18
siéger	10	solutionner	3	sous-entendre	52
siffler	3	somatiser	3	sous-estimer	3
siffloter	3	sombrer	3	sous-évaluer	3
sigler	3	sommeiller	3	sous-exposer	3
signaler	3	sommer	3	sous-investir	20
signaliser	3	somnoler	3	sous-louer	3
signer	3	sonder	3	sous-payer	16
signifier	4	songer	7	sous-tendre	52
silhouetter	3	sonnailler	3	sous-titrer	3
sillonner	3	sonner	3	sous-toiler	3
similiser	3	sonoriser	3	soustraire	69
simplifier	4	sophistiquer	3	sous-traiter	3
simuler	3	sortir	22	sous-utiliser	3
singer	7	soucier	4	sous-virer	3
singulariser	3	souder	3	soutacher	3
siniser	3	soudoyer	18	soutenir	27
sinuer	3	souffler	3	soutirer	3
siphonner	3	souffleter	14	souvenir (se)	27
siroter	3	souffrir	29	soviétiser	3
situer	3	soufrer	3	spatialiser	3
skier	4	souhaiter	3	spécialiser	3
slalomer	3	souiller	3	spécifier	4
slaviser	3	soulager	7	spéculer	3

INDEX DES VERBES

speeder	3
spiritualiser	3
spolier	4
sponsoriser	3
sporuler	3
sprinter	3
squatter	3
squeezer	3
stabiliser	3
staffer	3
stagner	3
standardiser	3
stariser	3
stationner	3
statuer	3
statufier	4
sténographier	4
sténotyper	3
stéréotyper	3
stérer	9
stériliser	3
stigmatiser	3
stimuler	3
stipendier	4
stipuler	3
stocker	3
stopper	3
stranguler	3
stratifier	4
stresser	3
striduler	3
strier	4
structurer	3
stupéfier	4
stuquer	3
styler	3
styliser	3
subdéléguer	9
subdiviser	3
subir	20
subjuguer	8
sublimer	3
submerger	7
subodorer	3
subordonner	3
suborner	3
subroger	7
subsister	3
substantifier	4
substantiver	3
substituer	3
subsumer	3
subtiliser	3
subvenir	27
subventionner	3
subvertir	20
succéder	9
succomber	3
sucer	6
suçoter	3
sucrer	3
suer	3
suffire	**72**
suffixer	3
suffoquer	3
suggérer	9
suggestionner	3
suicider (se)	3
suiffer	3
suinter	3
suivre	**70**
sulfater	3
sulfiter	3
sulfurer	3
superposer	3
superviser	3
supplanter	3
suppléer	5
supplémenter	3
supplicier	4
supplier	4
supporter	3
supposer	3
supprimer	3
suppurer	3
supputer	3
surabonder	3
surajouter	3
suralimenter	3
surarmer	3
surbaisser	3
surcharger	7
surchauffer	3
surclasser	3
surcomprimer	3
surcontrer	3
surcoter	3
surcouper	3
surdéterminer	3
surdimensionner	3
surélever	11
surenchérir	20
surendetter	3
surentraîner	3
suréquiper	3
surestimer	3
surévaluer	3
surexciter	3
surexploiter	3
surexposer	3
surfacer	6
surfacturer	3
surfaire	82
surfer	3
surfiler	3
surgeler	13
surgeonner	3

INDEX DES VERBES

surgir	20
surglacer	6
surhausser	3
surimposer	3
suriner	3
surinfecter (se)	3
surinvestir	20
surir	20
surjeter	14
surjouer	3
surligner	3
surmédicaliser	3
surmener	11
surmonter	3
surmultiplier	4
surnager	7
surnommer	3
suroxyder	3
surpasser	3
surpayer	16
surpiquer	3
surplomber	3
surprendre	53
surproduire	78
surprotéger	7
sursaturer	3
sursauter	3
sursemer	11
surseoir	41
surtaxer	3
surtitrer	3
survaloriser	3
surveiller	3
survenir	27
survirer	3
survivre	71
survoler	3
survolter	3
susciter	3
suspecter	3
suspendre	52
sustenter	3
susurrer	3
suturer	3
swinguer	8
syllaber	3
symboliser	3
sympathiser	3
synchroniser	3
syncoper	3
syndicaliser	3
syndiquer	3
synthétiser	3
syntoniser	3
systématiser	3

T

tabasser	3
tabler	3
tabuler	3
tacher	3
tâcher	3
tacheter	14
tacler	3
taguer	8
taillader	3
tailler	3
taire	68
taler	3
taller	3
talocher	3
talonner	3
talquer	3
tambouriner	3
tamiser	3
tamponner	3
tancer	6
tanguer	8
taniser	3
tanner	3
tapager	7
taper	3
tapiner	3
tapir (se)	20
tapisser	3
tapoter	3
taquer	3
taquiner	3
tarabiscoter	3
tarabuster	3
tarauder	3
tarder	3
tarer	3
targuer (se)	8
tarifer	3
tarifier	4
tarir	20
tartiner	3
tartir	20
tasser	3
tâter	3
tatillonner	3
tâtonner	3
tatouer	3
taveler	12
taxer	3
tayloriser	3
tchatcher	3
techniciser	3
technocratiser	3
teiller	3
teindre	55
teinter	3
télécharger	7

INDEX DES VERBES

télécommander	3	tiller	3	tosser	3
télécopier	4	tilter	3	totaliser	3
télédiffuser	3	timbrer	3	toucher	3
télégraphier	4	tinter	3	touer	3
téléguider	3	tintinnabuler	3	touiller	3
télépayer	16	tiquer	3	toupiller	3
téléphoner	3	tirailler	3	toupiner	3
télescoper	3	tire-bouchonner	3	tourber	3
télétransmettre	63	tirer	3	tourbillonner	3
télétravailler	3	tisonner	3	tourmenter	3
téléviser	3	tisser	3	tournailler	3
témoigner	3	titiller	3	tournasser	3
tempérer	9	titrer	3	tournebouler	3
tempêter	3	titriser	3	tourner	3
temporiser	3	tituber	3	tournicoter	3
tenailler	3	titulariser	3	tournoyer	18
tendre	52	toiler	3	tousser	3
tenir	27	toiletter	3	toussoter	3
tenonner	3	toiser	3	trabouler	3
ténoriser	3	tolérer	9	tracasser	3
tenter	3	tomber	3	tracer	6
tercer	6	tomer	3	tracter	3
tergiverser	3	tondre	52	traduire	78
terminer	3	tonifier	4	traficoter	3
ternir	20	tonitruer	3	trafiquer	3
terrasser	3	tonner	3	trahir	20
terreauter	3	tonsurer	3	traînailler	3
terrer	3	tontiner	3	traînasser	3
terrifier	4	toper	3	traîner	3
terroriser	3	toquer	3	**traire**	**69**
tester	3	torcher	3	traiter	3
tétaniser	3	torchonner	3	tramer	3
téter	9	tordre	52	trancher	3
texturer	3	toréer	5	tranquilliser	3
théâtraliser	3	torpiller	3	transbahuter	3
thématiser	3	torréfier	4	transborder	3
théoriser	3	torsader	3	transcender	3
thésauriser	3	tortiller	3	transcoder	3
tiédir	20	torturer	3	transcrire	76

INDEX DES VERBES

transférer	9	tremper	3	trouer	3
transfigurer	3	trépaner	3	trousser	3
transfiler	3	trépasser	3	trouver	3
transformer	3	trépider	3	truander	3
transfuser	3	trépigner	3	trucider	3
transgresser	3	tressaillir	31	truffer	3
transhumer	3	tressauter	3	truquer	3
transiger	7	tresser	3	trusquiner	3
transir	20	treuiller	3	truster	3
transistoriser	3	trévirer	3	tuber	3
transiter	3	trianguler	3	tuer	3
translater	3	triballer	3	tuméfier	4
transmettre	63	tricher	3	turbiner	3
transmigrer	3	tricoter	3	turlupiner	3
transmuer	3	trier	4	turluter	3
transmuter	3	trifouiller	3	tuteurer	3
transparaître	64	triller	3	tutorer	3
transpercer	6	trimarder	3	tutoyer	18
transpirer	3	trimbaler	3	tuyauter	3
transplanter	3	trimer	3	twister	3
transporter	3	tringler	3	typer	3
transposer	3	trinquer	3	tyranniser	3
transsuder	3	triompher	3		
transvaser	3	tripatouiller	3		
transvider	3	tripler	3		
traquer	3	tripoter	3		
traumatiser	3	triquer	3		
travailler	3	trisser	3		
travailloter	3	triturer	3	**U**	
traverser	3	tromper	3		
travestir	20	trompeter	14	ulcérer	9
trébucher	3	tronçonner	3	ululer	3
tréfiler	3	trôner	3	unifier	4
treillager	7	tronquer	3	uniformiser	3
treillisser	3	tropicaliser	3	unir	20
trémater	3	troquer	3	universaliser	3
trembler	3	trotter	3	urbaniser	3
trembloter	3	trottiner	3	urger	7
trémousser (se)	3	troubler	3	uriner	3
				user	3
				usiner	3

INDEX DES VERBES

usurper	3	
utiliser	3	

v

vacciner	3
vaciller	3
vadrouiller	3
vagabonder	3
vagir	20
vaguer	8
vaincre	61
valdinguer	8
valider	3
valoir	46
valoriser	3
valser	3
vamper	3
vampiriser	3
vandaliser	3
vanner	3
vanter	3
vaporiser	3
vaquer	3
varapper	3
varier	4
varloper	3
vasectomiser ...	3
vaseliner	3
vaser	3
vasouiller	3
vassaliser	3
vaticiner	3
vautrer (se)	3
végéter	9
véhiculer	3
veiller	3
veiner	3
vêler	3
velouter	3
vendanger	7
vendre	52
vénérer	9
venger	7
venir	27
venter	3
ventiler	3
verbaliser	3
verdir	20
verdoyer	18
vérifier	4
vermiller	3
vernir	20
vernisser	3
verrouiller	3
verser	3
versifier	4
vesser	3
vétiller	3
vêtir	23
vexer	3
viabiliser	3
viander	3
vibrer	3
vibrionner	3
vicier	4
victimiser	3
vidanger	7
vider	3
vieillir	20
vieller	3
vilipender	3
villégiaturer	3
vinaigrer	3
viner	3
vinifier	4
violacer	6
violenter	3
violer	3
violoner	3
virer	3
virevolter	3
viriliser	3
viroler	3
viser	3
visionner	3
visiter	3
visser	3
visualiser	3
vitrer	3
vitrifier	4
vitrioler	3
vitupérer	9
vivifier	4
vivoter	3
vivre	71
vocaliser	3
vociférer	9
voguer	8
voiler	3
voir	37
voisiner	3
voiturer	3
volatiliser	3
voler	3
voleter	14
voliger	7
volleyer	3
volter	3
voltiger	7
vomir	20
voter	3
vouer	3
vouloir	45
voussoyer	18

INDEX DES VERBES

voûter	3			ziber	3
vouvoyer	18	**Y**		zieuter	3
voyager	7	yoyot(t)er	3	zigouiller	3
vriller	3			zigzaguer	8
vrombir	20			zinguer	8
vulcaniser	3			zinzinuler	3
vulgariser	3	**Z**		zipper	3
		zapper	3	zoner	3
W		zébrer	9	zoomer	3
		zester	3	zouker	3
warranter	3	zézayer	16	zozoter	3

Achevé d'imprimer en Espagne par Macrolibros
Dépôt légal : Mai 2017 - Collection n° 58 - Édition 05
89/2221/2